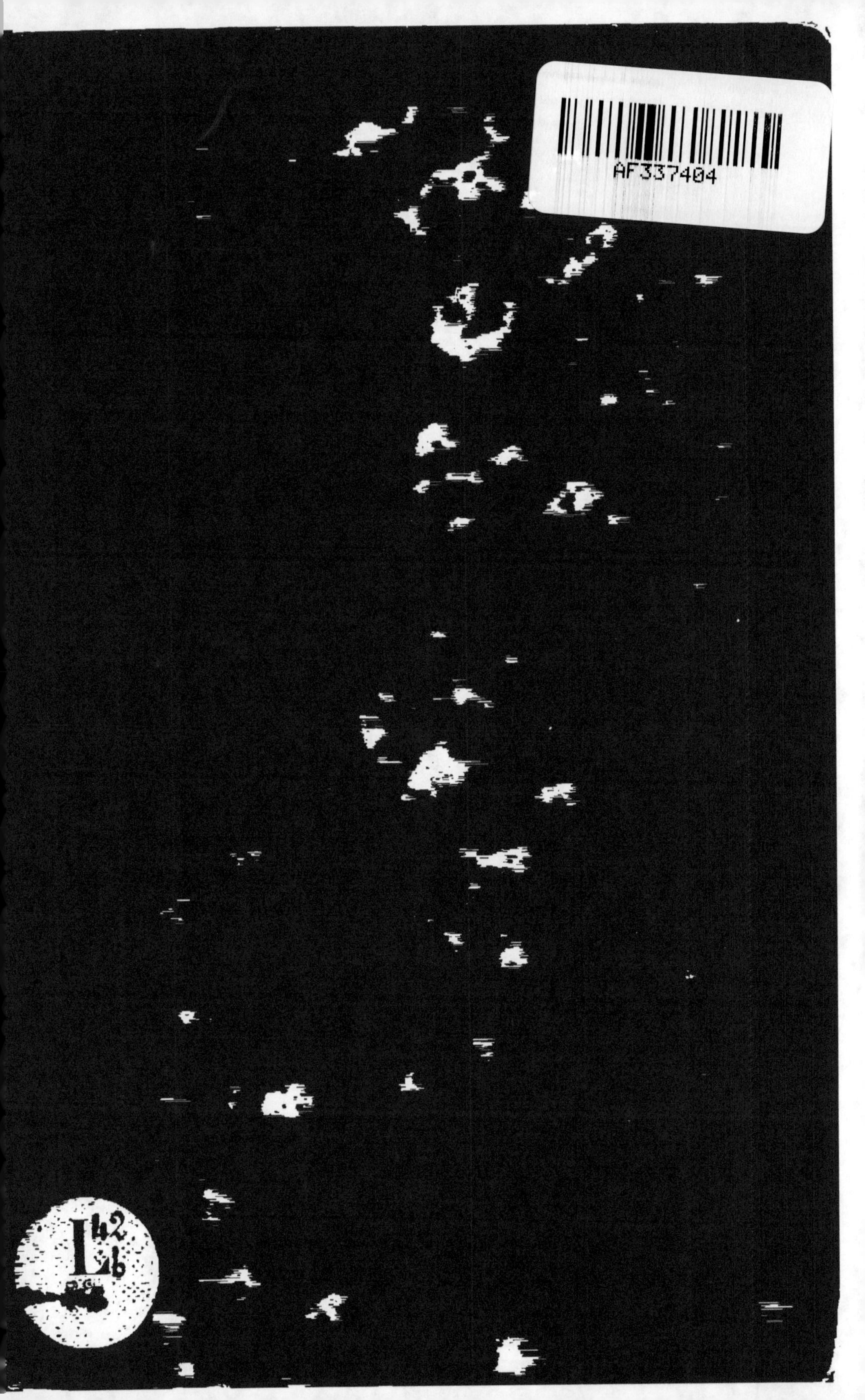

AF337404

RECUEIL

DE LA CORRESPONDANCE

SAISIE CHEZ LEMAÎTRE,

Et dont la Convention a ordonné l'impression.

A PARIS,

DE L'IMPRIMERIE DE LA RÉPUBLIQUE.
Brumaire, an IV.

RECUEIL

DE LA CORRESPONDANCE

Saisie chez LEMAÎTRE, et dont la Convention a ordonné l'impression.

La Correspondance est disposée par ordre de dates.

Hambourg, le 8 Avril 1795, chez Basson Pilsterstraat, n.° 82.

N'IGNORANT pas combien vous êtes intéressé dans les affaires du sieur *Mothié*, je me suis fait un devoir de vous prévenir de ses malheurs, dont l'origine est une maladie douloureuse, longue et dispendieuse, qui le força, dans le mois de juin dernier, d'abandonner les affaires dans les mains des infidèles qui eurent bientôt dilapidé ses fonds, dans la ferme croyance qu'il n'en reviendrait pas ; comme ces créanciers le poursuivent vivement, il s'est retiré ici. Je me hâte de vous en prévenir, afin que vous preniez des mesures pour ne pas perdre votre dû. Il a tout abandonné, voyant qu'il ne pouvait pas faire d'accommodement à l'amiable, même ce qu'il avait de plus cher, à ce qu'il m'a dit. J'ai compris qu'ayant eu l'espoir de se relever, il avait contracté une nouvelle espèce d'engagement ; mais ses ennemis (car chacun a les siens), lui ont encore enlevé cette consolation, et par là ont effectué sa ruine totale, ainsi que celle de son nouvel associé, qu'il a laissé sur les lieux, et c'est ce qui le met dans la dernière affliction. Je pense que son chagrin est d'une nature bien grande, d'après ce qu'il m'a dit, que tous ceux qui s'intéressent à lui en seront vivement affectés quand ils le sauraient ; d'où j'augure que sa première faillite n'est pas son plus

N.° I.

A 2

cruel tourment : quelle qu'en soit la cause, je ne puis la deviner. Il dit sans cesse que tous ses parens et amis l'abandonneront quand ils le sauront ; il se désole à cette seule pensée : je fais tout ce qui depend de moi pour le consoler et mettre le calme dans son esprit, sans pouvoir y parvenir. Je lui répète à tout moment, que les honnêtes gens sauront qu'il n'y a pas de sa faute ; que la confiance pourra renaitre et lui procurer les moyens de travailler et de se relever ; qu'il ne doit point craindre l'inimitié de ses parens, et qu'il ne doit être affecté que de les affliger, si réellement il y a donné lieu ; qu'ils ne l'ont jamais abandonné, et que j'ose lui promettre que les raisons qui l'ont forcé à tenir la conduite *qu'il ne se reproche* que pour la peine qu'il fera à ses parens *français*, et enfin le temps, les feront revenir, et qu'ils lui rendront toute leur amitié. Ces raisonnemens semblent le calmer d'abord ; mais je vois avec peine que cela ne dure guère, et que son chagrin, loin de s'affaiblir, semble s'augmenter tous les jours. Il me tarde beaucoup qu'il s'explique clairement, afin d'en faire part à ses parens, et de voir s'il n'y aurait pas moyen de remédier à sa situation. J'ai voulu l'engager de leur écrire ; il m'a dit qu'il ne le pouvait pas : cependant je sais qu'il a écrit à M. A., à P^r, ou on lui a dit qu'il était de la part d'une grande maison, et pour des affaires de la dernière conséquence. Il faut bien qu'elles soient telles, pour l'avoir tiré de cet état d'inertie qui fait pitié. Adieu.

J'espère que vous me saurez gré de l'avertissement, et que vous prendrez des mesures propres à ne pas tout perdre ; et croyez-moi bien sincèrement votre ami.

Je ne sais si vous avez eu jamais affaire avec la maison de *la Hargue ;* son petit-fils me charge de vous faire bien des amitiés, ainsi qu'à d'autres. Ce grand endosseur de l'effet du Canada attend avec impatience des nouvelles de ses intérêts les plus chers ; il espère que son bisaïeul ne tardera pas à lui donner cette marque de sa confiance et de son amitié. Son grand-père, malgré son grand âge, a été faire des recouvremens en Danemarck, et je suis votre ami pour la vie.

Signé J. LABEBANCHEK.

Nota. A l'adresse est écrit : M. FRANÇOIS.

Hambourg, Pilsterstraat, n.º 82,
le 8. Avril 1795.

N.º 2.

JE profite avec bien du plaisir, mon cher monsieur, de l'occasion qui m'est offerte de vous donner de mes nouvelles : vous ne doutez pas combien je desirerais en recevoir des vôtres et de tout ce qui vous intéresse ; et j'espère aussi qu'à votre tour, vous saisirez toutes celles qui se présenteront : croyez qu'à tous égards c'est un grand besoin pour moi. En attendant ce plaisir, faites-moi, je vous prie, celui de dire à M. André, votre ami, qu'ayant dû recevoir en même temps que vous celle-ci, une lettre d'un de ses pays dont il connaît le nom et la famille, je le prie de faire foi et d'avoir égard aux demandes qu'il est autorisé à lui faire, et de traiter avec lui, autant qu'il dépendra de son pouvoir et facultés, malgré qu'il ne le connaisse pas personnellement. La personne qui lui aura remis sa lettre, se chargera de ses réponses nécessaires à l'avancement de ses affaires. Comme je crois pouvoir compter sur votre bonne volonté à obliger, à votre tour disposez de moi, si je puis vous être utile dans notre ville, soit pour vous, soit pour vos amis. En attendant cette marque de votre amitié, faites-moi le plaisir de me croire pour la vie, votre bien sincère ami.

Signé MATHIAS.

Au Citoyen LETRAÎME (1).

24 Juillet 1795.

N.º 3.

LA Rosière parait fort mécontent de la préférence donnée à Puysaie. On a été bien embarrassé à Londres pour se tirer des pattes de cet homme. Il avait été trop enfoncé dans des confidences ministérielles. Je suis fâché que Saint-Maurice fils, qui a épousé à Coblentz la nièce de Calonne, ait été nommé intendant de l'armée des Chouans que Puysaie doit commander. Il est parti avec huit millions d'assignats faux, et autres drogues de cette espèce. — Pauvre ouvrier ! — Son oncle est bien plus dan-

---

(1) *Letraîme*, auquel la lettre est adressée, est l'anagramme de *Lemaître*.

A 3

(6)

gereux, mais il est coulé à fond ; le roi n'a jamais pû le
souffrir, et 77 (1) sur-tout sont ses dernières ressources.
— Votre 77 mérite tout ; mais *c'est l'être le plus maussade
qui existe ; soyez sûr qu'il est toujours en dessous.* — Je
ne vous en prouverai pas moins quelque jour, que dans
toutes les occasions, depuis deux ans qu'il se montre si
bien, j'ai toujours pris hautement sa défense ; vous le
verrez consigné dans mes manuscrits. — O ! quand
pourrai-je vous embrasser et verser toute mon ame dans
la vôtre ? Je mande à Val. les nouvelles courantes ici ; il
vous les fera passer sans doute. — Nous sommes assez
pauvres dans le moment ; mais d'un jour à l'autre nous
pouvons reprendre couleur. Ecrivez-moi encore par
Wezel, nous verrons si ça ira. En tout cas, les lettres
qui arriveront de Paris à Bâle le mercredi, pourront
en repartir le jeudi, et me parvenir le septième jour.
Vale et ama.

Faites-moi le plaisir de mander à Br. (2) que j'ai reçu
sa petite lettre du 6 juillet, mais que je n'ai pas encore
sa précédente par Ruremonde ; dites-lui aussi d'aller
dans la rue de l'Univers., annoncer que j'ai reçu la lettre
avec grand plaisir, et que je répondrai bientôt par Bâle.
On craint encore de recevoir directement, à ce qu'il me
paraît ; cependant j'en avais déjà fait partir une autre par
Wezel, le 7 de ce mois.

Le baron de Keverberg, qui habite près de Ruremonde,
m'a envoyé enfin votre lettre du 26 juin ; j'ai donc toutes
vos œuvres, grand merci.

Je compte vous notifier par le premier billet, le départ
de 29 frégates et courriers, qui doivent être arrivés à
Stade pour le prendre. — J'ai reçu mille marques de
bonté de toute la caravane ; mais jamais je n'ai voulu
céder aux instances que l'on m'a faites pour m'y rallier ;
je vous en dirai les raisons quelque jour. — *Tout va
bien, pourvu que Quiberon tienne ferme.* — Quand il
aurait un mauvais succès, l'Angleterre est décidée
à recommencer de plus belle. — *Vous êtes par trop
Prussien ;* — vous en serez honteux bientôt. — Faites

---

(1) 77 indique *Condé.*

(2) Il résulte de l'ensemble de la correspondance, que *Br.*
serait l'abbé *Brottier,* mis en jugement comme complice de
Lemaître.

de mieux en mieux ; — vous entendrez parler de ses œuvres pécuniaires. *On va faire couler le pactole au lieu de l'agide.* — Mais on a un projet *pour le roi, que je n'approuve point.* — Mandez - moi si Br. a peur de recevoir des lettres de moi à son adresse.

* * *

18 Thermidor, ou 5 Août, (vieux style).

REÇU le premier août, avec le petit billet Parison qui N.° 4. y était joint. Rien ne manque de tous vos numéros. J'ai aussi reçu aujourd'hui *une lettre de Favier*, à laquelle en était jointe une pour Soyer l'aîné ; je la lui ferai parvenir. Je suis bien content que l'imprimé vous soit parvenu sans événemens fâcheux ; j'en étais inquiet.

L'abbé M. (1) m'écrit, du 19 juillet, qu'il a reçu ce jour-là votre lettre du 4, par *Wezel* ; il m'ajoute qu'on a déjà été à Ruremonde pour avoir les lettres qui y sont ; pas une n'avait encore pu arriver par cette voie. Dieu merci, Tallien nous l'a donné belle, *avec son impudent rapport sur l'affaire de Quiberon* ; nous étions plus morts que vifs ; et cette nouvelle avait été répandue ici avec profusion, et nous y avons cru vingt-quatre heures : mais quand nous avons lu le rapport qui se trouvait dans le Moniteur, le lendemain, alors nous nous sommes rassurés.

Votre bonne lettre du 30 nous a remis en selle, et aujourd'hui *nous croyons fermement que Nantes est pris*, et que les débarqués à Rhuis se seraient portés sur la *Roche-Bernard*, pour mettre la Vilaine entre eux et Hoche, et pouvoir faire leur jonction avec les *Chouans* qui entourent *Nantes*, s'ils ne sont dedans. Dans ce dernier cas, *Charrette* a dû faire sa jonction ; et *voilà une armée formidable, de bons officiers, et trois Bourbons à leur tête.* Vous savez que le bon et brave la Rasière est de la partie, en qualité de quartier-maître-général. Nous avons là presque tout transformé en bons ingénieurs et bons artilleurs. Les quatre mille hommes de cavalerie excellens, qui étaient du côté de Brême, sont embarqués ; quatorze régimens anglais doivent arriver en même-temps que cette cavalerie, *et*

---

(1) L'abbé M. est l'abbé Marie, ancien professeur de mathématiques au collége Mazarin.

A 4

nos princes à la tête. Tout cela se joindra à l'armée de *Charrette* et Chouans combinés ; et vous verrez alors grossir la pelotte de neige : il paraît que *49* (1) attend cette époque pour parler.

Lord Macartney est parti de Londres pour aller résider auprès de S. M., de la part de sa cour, dont il est reconnu : on attend des nouvelles de Vienne ; elles ne peuvent tarder à arriver.

Je crois, relativement aux personnes qui veulent servir, qu'il vaudrait mieux qu'elles se rendissent du côté de *Nantes* plutôt que de venir par ici ; ce seraient des recrues un peu chères, et nous en faisons à force. J'ai chargé hier quelqu'un qui va à Paris par Lyon, de vous voir ; je l'ai adressé à Fizellier ou Favier, pour avoir votre adresse que je n'ai point. Vous verrez par vous-même ce que fera ce voyageur ; c'est un jeune homme plein de feu, vous causerez ensemble.

Il vous parlera d'une affaire dont je lui ai remis la note ; en voici le double. Il s'agit de découvrir M. Gallois qui demeurait autrefois rue d'Antin, la seconde porte en entrant du côté de l'hôtel de Richelieu ; il était autrefois employé à la poste ; il a un cousin nommé Forsé ou Forté, employé au bureau des domaines. Il faudrait tâcher d'avoir de ce M. Gallois, de la part de M. de Nantouillet, *les papiers de cérémonies et volumes de MM. Saintot et Desgranges,* appartenant à M. de Nantouillet. Ce dernier m'a remis un petit billet qui ne signifie rien autre chose que de lettre de crédit auprès de M. Gallois, pour qu'il voye de l'écriture de M. de Nantouillet, et qu'il ajoute foi à tout ce que vous ou ceux que vous en chargerez pourront lui dire. Si vous pouvez vous procurer ces papiers et volumes, vous voudrez bien vous concerter avec le voyageur pour les moyens de faire parvenir le tout à votre serviteur, n'importe par quelle route, pourvu que le tout arrive sûrement. Si cette négociation ne pouvait avoir lieu avec M. Gallois, alors vous voudriez bien tâcher de vous procurer les *livres des sacres de Louis XIV, Louis XV et Louis XVI,* le Cérémonial français de Godefroy, en deux volumes ; et, s'il était possible, les manuscrits de Saintot : ces der-

______

(1) *49* est suffisamment indiqué par la correspondance, pour être Louis XVIII.

niers existent à la bibliothèque du roi. Si on pouvait les avoir ou les faire copier, ou enfin les trouver ailleurs, ce serait un coup de maître. Coûte qui coûte, il faut tâcher de réussir d'une manière ou de l'autre ; le pis-aller, si vous ne réussissez pas avec M. Gallois, serait d'acheter, et si le voyageur ne pouvait pas s'en charger, de les adresser, bien encaissés, à Emmanuel Tournezin, en ayant soin de faire mettre un *W* sur la caisse. Enfin, je m'abandonne à vous, Monsieur, pour cette affaire, à laquelle on met le plus grand intérêt. *Me voilà encore à vous prier de faire votre encre plus forte ; je n'ai pas pu déchiffrer le quart de votre lettre du premier ; l'encre est trop blanche.* Dites, je vous prie, *à Favier, que j'ai employé l'eau de plantin, et que j'ai lu à merveille.* Lorsqu'il voudra, lui ou d'autres, écrire à Soyer l'aîné, il voudra bien m'adresser des petites feuilles, que je ferai passer à Soyer. Il aura seulement soin de mettre en haut de la page Soyer **L.**, et ça ira. Dussiez-vous me dire des sottises, je ne vous dirai encore aujourd'hui rien de nouveau. Ce n'est pas ma faute ni la vôtre, en vérité. Je voudrais pouvoir vous écrire tous les jours, et participer avec vous, tout à mon aise ; mais j'en ai par dessus la tête, et j'écris à tout l'univers ; je ne sors pas de mes écritures, et je m'en donne à cœur joie ; je crie après tout le monde, et bonne correspondance m'en fournit les moyens. *Les 86,400 livres, m'ont bien et dûment coûté 30000 liv.* (1), à raison de trois et demi pour cent. Je suis presque fâché de ne vous les avoir pas fait avoir en argent : mais c'est fini ; il faut tirer le rideau, et s'en servir pour la plus grande gloire de Dieu et des hommes. Il faut cependant prendre garde que *les chiffons ne viennent à zéro ;* il vaudrait mieux alors acheter avec des soieries ou bijoux, et payer en échange. Au reste, si la fin des affaires ne tenait qu'à cela, la perte ne serait pas considérable. Derechef, *forcez votre encre, et essayez-la,* vous serez de mon avis.

Adresse : Au citoyen CONIBERT (2), rue Jean-Pain-Mollet, n.° 45, à Paris.

----

(1) C'est de cette somme dont parle *Favier* dans son interrogatoire, et qu'il déclare avoir été remise à *Lemaître.*

(2) Un des prête-noms de *Lemaître* pour la correspondance.

Au Citoyen LE MAÎTRE, rue Sainte-Croix de la Bretonnerie, à Paris.

Wer. . . . . . le 11 Août.

N.° 5.   P. Olfen m'a enfin écrit, et je vais lui répondre: il me parle avec intérêt de vous.

Le 13 thermidor il a été rendu, sur la proposition de Vernier, un décret qui ordonne que tous les effets pris par les comités révolutionnaires, et portés dans les caisses nationales, seront restitués en nature, *s'ils sont réclamés dans la quinzaine,* sinon l'or et l'argent seront fondus, ect. Il est donc arrivé le moment où le citoyen Coutibonne doit, ce semble, tenir la promesse qu'il a donnée souvent.

Je sens que je n'ai aucun droit sur lui ; je ne peux qu'au nom de l'intérêt, que l'infortune inspire à tout homme juste et sensible. Si d'ailleurs la reconnaissance la plus sincère que je lui aurais et que je lui témoignerais en toutes occasions et de toutes manières, pouvait le toucher, il peut y compter. Agissez, pressez, mon cher maître, c'est en vous que je mets ma confiance.

J'attends très-incessamment de vos nouvelles ; rappellez-moi au souvenir de la société que j'estime infiniment, et soyez assuré de mon zèle le plus vif pour ce qui peut vous être agréable.

P. S. Il me paraît que le citoyen Coutibonne me trouve trop pressant. Il est vrai que j'ai écrit plus d'une fois au sujet de la révolution.... qu'il s'est chargé de me procurer ; mais tout autre que moi aurait écrit au moins aussi souvent. Au surplus voici le moment où tout doit être écrit à cet égard.

Pour le citoyen LETRAIME. (1)

Le 7 Août 1795.

N°. 6.   7, 11, 21 et 23 juillet sont arrivés à bon port.

Vous savez que le 26 on s'est embarqué sur le vaissseau l'*Asia,* de 64 canons, monté par un amiral, et suffisamment garni d'officiers d'élite, pour faire compagnie pen-

---

(1) *Voyez* la note de la page 5.

dant le trajet. Il est impossible d'écrire une lettre plus aimable que celle de B… pour moi, pour me faire adieux tendres et remerciemens vraiment touchans.

Les lettres du fils sont toutes du même genre, ainsi je n'ai qu'à me louer d'eux, et de tout le monde en général.

M. de S. desire que sa famille sache qu'il est du nombre des argonautes qui marchent à la conquête de la toison d'or. Si vous pouvez là faire glisser l'avis et mon hommage avec, je vous serai obligé.

Cependant *si les affaires ne vont pas mieux sur nos côtes*, je pense qu'il est au moins inutile de doubler les inquiétudes des personnes qui s'intéressent à M. de S.

L. Lam. est mon ami depuis plus de quarante ans ; il est fâcheux de mettre en arrestation une amitié aussi ancienne : mais sa conduite a été fort extraordinaire, dit-on.

La lettre de Br… par Ruremonde, n'a point percé : est-ce que par hasard il n'aurait pas osé m'écrire par cette voie ! Je le crois un peu pétrifié par la tête de Robespierre. Jadis il était plus brave ; mais fût - il poltron, je l'aimerai toujours, parce que le fond du sac est excellent chez lui.

La gazette de Leyde nous mit hier la mort dans l'ame par le récit de la catastrophe de Quiberon. Ce récit peut paraître exagéré, *mais le fait n'est que trop vrai sans doute, et c'est un grand malheur de plus ajouté à tant d'autres.* Je saurai demain, par les lettres de Londres, l'effet que *ce terrible échec* aura produit en Angleterre : *je tremble pour toute la Grande-Bretagne.*

Vous croyez toujours *au masque de Berlin :* je voudrais pouvoir y croire comme vous ; mais rien ici ne constate aucun projet hostile contre la France, ni même contre la Hollande.

Il se fait un rassemblement de troupes hollandaises dans le pays d'Osnabruck ; mais c'est l'Anglais qui paye, et ce moyen est encore bien faible.

Nous ne croyons pas qu'il y ait de Russes en marche.

Quant aux douze vaisseaux, vous les savez arrivés dans la mer du Nord, et même aux Dunes.

On a fait l'impossible pour ramener Frédéric. *Son oncle est rentré dans son taudis ; jamais il ne sortira de la boue dont il s'est couvert.*

Frédéric paraît vouloir ne pas aliéner l'empereur qui était déjà très-ulcéré.

Les deux cours s'observent et *se détestent plus que jamais*.

N'épousez pas les querelles de Berlin : il n'y a que le roi dont le fond soit bon, quoique trop faible.

Si Charles III revenait au monde, je suis bien convaincu qu'il rougirait de la paix de son fils.

J'attends la ratification pour y croire.

Mon domestique a reçu une lettre de son père, par Wezel, le même jour que moi.

Chauffé de ce pauvre vieillard, s'est servi d'une feuille qui était roussie sur le bord droit : cela mériterait d'être vérifié par Br..., afin que vous ne couriez pas ce risque de plus. Mon Dieu, prenez-y bien garde ! *Teque amplexu ne substrahe nostro.* Je veux à tout prix vous embrasser avant de mourir.

Ne craignez rien pour G. relativement à Bal..., son affaire est dite. Le Cte de S. ne sera pas plus dur que Bal...; mais G... a pris le carême fort haut pour la piété. Je suis fâché du cachet d'Avar... et de plusieurs autres choses : mais la volonté de bien faire y est.

On fait trop courir sa prose. La réponse à 77 ne vaut rien. A mon avis, *il ne fallait pas mentir au Saint-Esprit, en disant que la perte d'un marmot était irréparable (1) :* il ne fallait pas tant parler de reconquérir son royaume; il ne fallait pas faire le Henri IV et le Louis XII avant le temps; *il fallait plus de cajoleries pour 77.*

La petite lettre à M. le D. Dang... est mieux, quoiqu'elle ait un grand défaut : on fait bien de ne pas la laisser circuler. Je vous prie de garder pour vous la copie ci-jointe.

« La couronne ensanglantée qui tombe sur ma tête,
» mon cher ami, doit vous faire faire de sérieuses ré-
» flexions : selon l'ordre de la nature, elle doit vous
» arriver un jour. Méditez dès-à-présent que le sort et
» le bonheur de 25 millions d'hommes dépendront un
» jour de vous » (2).

---

(1) Le marmot en question est le petit Capet.
(2) Extrait d'une lettre de Louis XVIII.

J'ai reçu les deux réponses de Chal... et Br... en date du 6 juillet. Si je ne réplique pas, c'est que je vois qu'on a un peu peur de mon écriture directe ; ayez la bonté de faire dire que je me porte bien.

Je suis enchanté d'avoir contribué à mettre Val... en œuvre : c'est un excellent ouvrier, il vous servira bien en tout. La proclamation de Vero... tarde trop. *Je n'aime pas le faiseur* ; il a du style et du nerf, mais il pèche par trop d'endroits ; *défiez - vous de lui et de ses amis :* je vous parle comme à mon propre frère.

Il y a eu à Strasbourg un petit mouvement populaire et jacobite, contre M. de Bruleport qui recrutait pour les corps français à la solde de l'Angleterre : on a tué et blessé quelques sans - culottes, et cela paraît fini ; *mais l'Angleterre est sur le cratère ; je crains à chaque courrier d'apprendre le bouleversement de Londres.*

Le fils de 77 (1) fait merveille où il va : c'est la valeur et la loyauté même. B. lui est très-attaché, et réciproquement le choix du baron de Flanchs est bon et dû à un si dévoué serviteur.

Le maréchal de C. a été malade, et ne partira de Vienne que le 26 juillet ! j'attends de ses nouvelles ; c'est un brave homme, quoi qu'on en dise.

Le baron de Breteuil ne se relevera pas de sa chute, il a trop offensé, trop contrarié les princes. La lettre de M. au roi est bien hardie ; j'ignore si on lui a répondu ; je ne connais que quelques objets de cette lettre. On dit qu'il est question de rallier toutes les brebis galeuses, constitutionnelles et autres. *A mon avis tout est perdu, si le moment* .... mais où trouver un homme assez ferme pour repousser les intrigans et tous les faux frères ! *Si forte virum quem.*

Nina est parti lundi pour déposer sa femme à Munster, et pour aller ensuite rejoindre B. Il a beaucoup d'honneur dans son fond, en dépit de ses nombreux ennemis.

Je vous embrasse tendrement.

---

(1) Le duc de Bourbon.

LETTRE timbrée *Huningue* , et adressée au citoyen PERRIN *(1)* , *rue des Ecoufflés, au Marais* , n.° 22, à *Paris.*

2 1 Thermidor , 8 Août (vieux style.)

N.° 7.   VOUS voyez par la fin de mon écriture noire, que je n'ai pas reçu votre lettre du 3 dont vous me parlez dans celle du 4 ; *vous ne nous dites plus rien de la Bretagne ;* nous sommes aux champs sur les événemens de ce pays ; sur quoi faut-il donc réellement compter ! Est-on rembarqué comme vous nous l'avez mandé ! est-on battu complétement ! quelle est donc la vraie version ! *Tâchez donc de monter une correspondance sûre et non pas de* oui dire, *avec Bretagne et Vendée :* c'est-là une des choses la plus pressante pour le moment; j'écris demain à Veronne , et j'y enverrai copie de votre *4. août ,* ainsi que du *petit cours de change.* Je suis très-surpris d'avoir entendu parler ici aujourd'hui d'un manifeste de *49,* et de ne l'avoir pas encore reçu de Manheim, où l'on dit qu'il est arrivé, et qu'il a été lu hier à l'ordre.

La flotte anglaise de la méditerranée vient d'enlever à la Convention un vaisseau portant à Gênes cinq millions, *écus,* pour des grains qui sont là, et qui y resteront probablement encore long-temps. Delà elle est allée au devant d'un convoi de blé parti de Tunis pour les ports de France, et l'on s'attend qu'il ne s'en consommera pas beaucoup de ceux-là en France. Après cette expédition, la flotte reviendra prendre à bord des troupes de débarquement, que fournira le général de Vins sur trente mille hommes qui viennent de la Bohême, *et le plan est de les jeter sur les côtes de la Provence , pour couper la retraite à l'armée de Kellermann , qui sera alors attaquée vigoureusement.*

Il paraît que la cour de Vienne ne veut point de l'échange proposé de madame royale avec les coquins de députés, et autres prisonniers en Allemagne, et qu'on doit proposer à la Convention de stipuler les sommes qu'elle voudra exiger pour la *rançon* de cette jeune

______

(1) Un des principaux prête-noms de Lemaître pour sa correspondance.

princesse. Je m'étonne si la Convention voudra se piquer de générosité.

On travaille ici à force à la paix des cercles ; je ne serais pas étonné qu'elle suivît de près la paix *im-broglio*.

Il va sous peu y avoir du grabuge en Hollande, Berlin fait ses préparatifs en conséquence.

Voyez Duvauhaar, je ferai votre commission auprès de lui ; si le manifeste existe je le saurai promptement, et je vous l'adresserai de suite. *Je vous fais mon compliment sur votre encre du 4 ;* à la bonne heure, *on peut vous lire ;* mais auparavant vous étiez indéchiffrable. J'attends Soyer le jeune, je suis désolé de son absence qui me gêne fort, et rien ne va ; enfin, j'espère que ça n'ira pas toujours de même. *29 ne doit pas tarder à arriver en Vendée ; tâchez de veiller à cette descente.* La flotte russe doit être arrivée dans les ports d'Angleterre ; nous nous recrutons à force en 77, et je ne vous cache pas que *la paix des cercles devant avoir lieu suivant que cela fournirait à 77 plus de recrues qu'on ne voudrait, et que son armée serait bientôt en état de marcher et de se présenter d'une manière respectable.* M. le duc de Berry va, je crois, quitter 77 ; où va-t-il ! c'est encore un secret que vous saurez aussitôt qu'il me sera confié.

Je vous recommande bien notre affaire — Gallais X.

------

23 Thermidor, 10 Août à jamais mémorable.

LE chevalier de Conti est venu dîner aujourd'hui avec moi ; nous avons bien parlé de vous, et bu à votre santé : il m'a remis deux cents livres en assignats pour vous, dont cent livres qui vous sont dues, et cent livres en avance ; reçu votre *6 août,* et tout jusque-là, excepté *le 3,* qui est probablement perdu. 77 avait effectivement reçu, et en une de vos missives à ma place ; il a dit au chevalier de Conti que d'après son contenu, il était inutile de me la faire repasser, ainsi à d'autres. Je ferai partir demain votre lettre à M. *16, 11, 1820, 110, 71, 3, 111, 2, 110, 14, 8,* où elle lui sera remise exactement. *Que voulez-vous que je vous dise de cette paix imbroglio ! c'est du tripot tout pur ; cet Yriarte est un gueux ; voilà le mot. Il a fait ici le scapin mal-adroit,*

N.° 8.

et a servi, pour de l'argent, le parti qui à Madrid a intrigué à déshonorer Charles. Yriarte est un républicain prononcé ; il a eu l'impudence de dire, il y a quelque temps, à quelqu'un ici qui lui faisait des observations très-sages et justes sur la position de la France : « *Que voulez-vous faire quand les trois quarts de la France veulent la République ?* » Y a-t-il rien de plus coquin qu'un pareil propos ! Après cela, voyez dans quelles mains nous sommes : si, comme vous le croyez, cet Yriarte trompe les républicains, alors je me prosterne ; mais vous me permettrez au moins d'en douter ; car moi aussi je suis Thomiste. *Si les événemens de Quiberon sont vrais*, il faut avouer que Soyer l'aîné doit avoir le nez un peu cassé ; vous ferez bien de le saler un peu fort.

Soyer le jeune est de retour en 77 depuis deux jours ; il est encore retenu la pour deux fois vingt-quatre heures, après quoi je le tiendrai, et j'espère que vous aurez de ses nouvelles un peu longuement. Je crois que Louvois a envoyé de 49 le manifeste dont je vous ai parlé dans une lettre du 8 : on l'imprime dans ce moment : c'est sublime, à ce que disent tous ceux qui le connaissent ; moi je ne le connais pas encore : le premier exemplaire que j'aurai sera pour vous, je vous l'enverrai de suite par la poste, comme la réponse, &c. ; puisque celle-là a réussi, il serait bien malheureux qu'il n'en fût pas de même de cette pièce intéressante. *Je vous écrirai en même temps un mot ostensible, et rien en blanc, en cas de mésaventure.* A propos, donnez-moi, je vous prie, le numéro de votre maison, afin que, dans le cas où j'aurais quelqu'un à vous adresser, il n'y ait pas de cascades : vous pouvez d'avance compter que tous ceux que je serai dans le cas de vous adresser, seront gens bien sûrs.

77 a aussi envie que d'autres d'en finir et d'entrer ; mais C'EST CHOSE IMPOSSIBLE POUR L'INSTANT ; si vous étiez par ici, vous seriez de cet avis : le chevalier de Conti vous écrit aujourd'hui, et doit vous en dire les raisons. *Ce n'est pas le tout que d'entrer, il faut, suivant vous-même, se présenter d'une manière à ne pas reculer, pour inspirer la confiance ;* il est malheureux qu'on ne puisse le faire vingt-quatre heures après la distribution du manifeste, cela le rendrait encore bien meilleur : si par hasard,

sard, lorsque je vous l'enverrai, il n'était pas encore connu
et imprimé, *il faudrait sur-le-champ en faire tirer par
milliers, et le faire répandre* gratis *et par torrens, et en
faire imprimer dans toutes les provinces ; enfin, faire en
sorte que toute la France en soit couverte ; car ce n'est
pas le tout que de faire lire ces imprimés par ceux qui
peuvent se les procurer ; car de l'argent, il faut que le
peuple les lise aussi, et pour cela, il faut les donner pour
rien.* Est-ce qu'on ne pourrait pas aussi en faire imprimer
en placards, et les afficher dans tous les coins de Paris
et du royaume ! *Vale, vale, vale.* Je vous ai écrit le 30,
le 3, le 5 et le 8.

Au C.^{en} FIRMAIN (1), limonadier, rue St-Victor, à Paris.

N.° 9.

M. de Nantouillet a le plus grand besoin des objets ci-
dessous, que je prie instamment M. le M. de se procurer, après quoi nous chercherons les moyens de les
faire venir. *Ce sont les papiers relatifs aux cérémonies
des sacres.* Voici la note : ces papiers sont entre les mains
de M. Gallais.

M. Gallais demeurait autrefois rue d'Antin, à la seconde porte cochère en entrant par le côté de l'hôtel de
Richelieu ; il était autrefois employé à la poste, il a un
cousin nommé Fossé, employé au bureau du domaine.
Tâchez d'avoir, par son moyen, *les papiers de cérémo-
nie et volumes de MM. Desaintot et Desgranges,* qui
étaient chez M. de Nantouillet.

On ignore la demeure actuelle de M. de Nantouillet ;
mais avec le renseignement ci-dessus, il est possible de
le découvrir. C'est un homme honnête, et en lui mon-
rant le billet ci-joint, qui est de l'écriture de M. de Nantouillet, on aura sûrement de lui les papiers que l'on desire, ainsi que les deux ouvrages. Nous verrons ensuite
à aviser au moyen de les faire sortir par détail. Si cela ne
réussissait pas, je prierais M. le M. (2) *d'acheter les*

---

(1) Autre prête-nom de Lemaître pour sa correspondance.

(2) Il est à présumer que *M. le M.* dont parle cette
lettre, est le citoyen *Lemaître.*

B

livres des sacres de Louis XIV , de Louis XV et Louis XVI ; le Cérémonial français de Godefroy, en 2 volumes ; les manuscrits de Saintot, si cela est possible, et puis nous verrons à les avoir ici.

M. Bayard, porteur du présent, est envoyé par l'ambassadeur d'Angleterre ; mais ayez toute confiance en lui comme en moi ; aidez-le de vos conseils et de vos moyens, c'est pour la bonne cause , et *M. Bayard est un vrai et loyal royaliste.*

Je vous embrasse de tout mon cœur. E. D. V.

Au citoyen........ n.° 96 , au Marais.

Huningue , ce 17 Août (95).

N°. 10. ME voilà enfin de retour de Vienne , et il est résulté d'après mes conférences avec l'ambassadeur d'Angleterre , *qui est bien Anglais,* que la cour de Vienne a envoyé sur-le-champ le général *Bellegrade,* a donné ordre au général Laor, à l'armée de Clairfait de se rendre à celle de Condé, où M.rs Wickham et Vausure étaient pour se concerter, sans doute, sur les opérations de la campagne ; après la première conférence on a envoyé à Véronne ; calculez donc ce que c'est que la campagne de 1795 au 10 août, et encore peut-être n'est-il pas arrêté. Il paraît seulement que *l'Angleterre* presse, et fait feu de toutes parts ; elle *donne de l'argent tant qu'on veut, pour renforcer l'armée de Condé,* achète des chevaux bons ou mauvais ; et pour l'augmenter d'une manière marquante , on a fait partir quelques officiers pour la Hongrie, où l'empereur donne 6000 prisonniers français, que l'évêque de Nancy et des prêtres ont choisis depuis long-temps , et qu'ils disent être bons : *cette marchandise est toujours douteuse. On a l'exemple affreux du régiment d'Hervilly.* On me mande de Véronne, le 8 , mais ce n'est personne du conseil, que l'on croit que le roi en partira bientôt : le maréchal de Castries et M. de Flachlanden ne me disent rien.

Lord Macartnay y est arrivé le 7 , mais rien ne transpirait de la reconnaissance : l'ambassadeur d'Espagne à Venise y a été aussi ; il est parti le 2 pour Londres, où il est nommé ambassadeur.

On m'interrompt dans ce moment pour comparaître devant la commission. *Vale :* à demain, je continuerai.

Ce 18 Août 1795.

Je continue aujourd'hui ce que j'avais commencé hier, N.° 11. et je crois avoir fini par vous parler *de la paix infame de l'Espagne ;* mais soyez sûr qu'elle est nécessitée moins par l'impossibilité de continuer la guerre, que par la crainte que toutes les puissances ont du côté de Londres, Vienne et Pétersbourg. *Si cette coalition ne se dérange pas, le reste de l'Europe, l'Empire même, chercheront à la troubler ;* et effectivement ces trois grandes puissances ont adopté un système envahisseur et impolitique, et si impolitique, qu'il leur fait négliger l'objet général, pour ne s'occuper que du particulier. *Si le plan ne change pas, nos affaires en péricliteront,* et si on ne trouve pas à satisfaire les calculs formés depuis long-temps, nous serons encore l'objet de l'envie de Vienne pour se dédommager. C'est sûrement ce calcul qui fait que *l'empereur tortille autant que Londres le presse.* Pendant ce temps, Pitt fait son affaire, et nous mine de son côté, desire sûrement de nous mettre en France, d'y voir reconnaître le roi, et de nous dire, quand nous serons en pleine guerre civile : nous vous fournirons des moyens, mais agissez par vous seuls ; car l'opposition, à qui il laissera prendre momentanément le dessus, ne voudra plus faire la guerre. *Voilà, Monsieur, comme nous sommes joués, et comme les alliés se jouent, et d'eux tous l'empereur se trouvera sûrement le plus attrapé :* il est un point sur lequel on ne peut pas varier, et je l'ai dit à Vienne et je le dis ici, c'est que *tant qu'on tergiversera sur la reconnaissance la plus ostensible, on est autorisé à croire que l'on a des motifs cachés.*

Enfin *le roi a fait sa déclaration.* M. de V. vous l'a envoyée, et elle est peut-être celle que vous avez déjà vue : effectivement *elle est longue, peu échauffante.* Le général Devins ne bouge pas, et *on vous trompe quand on vous dit que Nice est évacué.* Si d'ici à six semaines ou au plus deux mois, on n'a pas fait passer le Var, et si on n'est pas maître de la basse Savoie, *la campagne des Alpes est manquée ;* on sera obligé de se tenir sur la

B 2

défensive, de prendre les quartiers d'hiver après les premières neiges tombées, et le reste des combattans agiront séparément, lorsque rien n'était plus aisé que d'agir tous ensemble : *ce défaut de talent et de prévoyance annonce une campagne d'hiver à l'armée de Condé ; c'est un moyen de plus de faire périr plus de monde ; c'est de quoi peut-être on s'occupe. Dans tout ceci il y a une politique infernale dont on ne veut pas se détacher ;* et c'est ce qui m'avait fait croire d'abord, après la mort du jeune roi, combien il était important que son successeur calculât bien ses démarches, que sur-tout il ne cédât pas aux insinuations amicales qu'on lui ferait, *et sur toute chose de se méfier de la perfidie du cabinet de Vienne, dont depuis cinq ans on doit avoir l'assurance.* J'ai déduit mes raisons dans le plus grand détail, aux dépens de passer pour exagéré, et le maréchal de Castries et le baron de Flachet m'en ont remercié. M. le prince de Condé a plus de sécurité ; l'Angleterre l'étonne, mais il ne peut pas s'empêcher de me dire quelquefois : Je ne sais pas s'il nous trompe. Après la lecture de la déclaration du roi, il en donna une copie aux Anglais ; il a vu qu'ils n'en ont pas été trop contens. *Il est certain que ces gens-là voudraient qu'on n'agisse que par eux, et leur méfiance est extrême sur tout ce qui fait des objections.*

Si vous pouvez pénétrer dans les suites, tant mieux ; *pour cela il faudrait de l'argent, et je fais en sorte d'en avoir.* Mandez-moi si M. *Delafitte, fameux ingénieur, et un des grands faiseurs,* est à Paris ; si vous auriez quelque aboutissant auprès de lui. *Je ne le crois pas un méchant homme ;* il est de chez moi, je ne le connais pourtant pas ; mais beaucoup son frère, qui m'a donné une lettre pour lui ; si vous aviez un moyen sûr de la lui faire remettre avec une de moi, que *je lui écrirai très-clairement pour lui demander qu'il nous rende service,* je vous l'enverrai : si je n'avais pas reçu votre réponse, je la remettrai toujours à une personne qui est des nôtres, et qui part sous peu de jours pour Paris ; je lui donnerai un mot pour vous.

Merlin de Thionville, Reubell et Vigant, trois représentans, sont venus dimanche dernier chez Barthelemy. Ces gueux avaient un luxe asiatique, trois voitures dont une du roi, dix-huit personnes de suite à cheval, et dix ou douze officiers des mieux tenus et des plus agréables.

Ils sont revenus hier chez un honnête Bâlois qui a donné une fête. *Valé.*

---

*D'Huningue, duodi Fructidor ;
19 Août* (vieux style).

Au Citoyen PERRIN, rue des Écouffes, n.° 22, au Marais, à Paris.

SOYER le jeune vous a écrit avant-hier et hier ; il N.° 12. vient de partir un individu pour la Suisse, et dans une douzaine de jours il sera à Paris ; je lui ai donné l'adresse de Nazareth, pour avoir la vôtre. Soyer le jeune a dû vous écrire à ce sujet ; c'est un voyageur duquel j'espère que vous serez content ; il causera avec vous de l'affaire de Nantouillet, et se chargera de tout. J'ai reçu ce matin une lettre du *102, 105, 2, 111, 11, 17, 13, 12, 110, 96, 42, 102, 14, 18, 20, 113, 22,* qui me dit que vous criez après moi. Eh mon Dieu ! vous avez bien tort ; je n'ai pas la plus petite chose qui mérite de vous être contée. On ne fait rien encore, mais on espère que l'on va faire ; ledit sieur m'ajoute qu'il vient de recevoir votre lettre, sans me dire de quelle date, et qu'il ne vous écrit pas, parce qu'il n'a rien à vous dire : voici ce qu'il y a de nouveau et de certain. M. de Wurmser arrive le 20 (demain) à Fribourg ; une armée assez forte se rassemble sur ce point, et va très-probablement agir de concert avec 77. L'état-major de M. Wurmser est, dit-on, bien composé : tant mieux, car tout dépend de là. Il paraît donc constant que l'on ne tardera pas à faire quelque chose. *On pourra peut-être bien violer un peu le territoire bâlois : peu importe, pourvu qu'on entre. Je ne crains qu'une chose, c'est que les Lyonnais et les Montagnes n'éclatent avant l'époque nécessaire. On fait tout ce qu'on peut pour les retenir encore, et l'on tremble qu'ils n'aillent trop vite, ce qui pourrait encore faire, comme toujours, de la mauvaise besogne.* Voilà où nous en sommes militairement ; nous devons infailliblement remuer sous un mois, et entrer : où irons-nous ! c'est ce que je pourrai vous dire quand je le saurai. Si l'entrée se fait par le Porentrui, comme je le crois fermement, M. de Clairfait passera le Rhin en même temps, et occupera en Alsace avec sa grande armée ; et nous, pendant ce temps, nous remuerons en Franche-Comté, avec les dix-huit mille Autrichiens qui seront avec nous, commandés par Wurmser, en qualité d'auxiliaires ; *pourvu, qu'une fois entrés, ces Messieurs ne nous laissent pas tout seuls, en nous disant, vous y voilà, tirez-vous-en : il ne manquerait plus que cette ombre au tableau.* Votre politique du 13 de ce mois ne reste pas dans le porte-feuille ; la presque-totalité de votre lettre est partie ce matin pour *49* ; soyez bien assuré que toutes vos œuvres y passent successivement, et en grand nombre en *77*. *Sûrement, comme vous le dites fort bien, il faut être roi avant que de se faire sacrer,* aussi n'est-ce qu'une affaire particulière, et cependant de précaution de M. de Nant... pour ce dont je vous ai écrit, et il est toujours bon de prendre les devans. Pour cela j'ai reçu hier une lettre de M. Alleaume de Francfort, il m'en envoyait deux, dont une, me dit-il, vous sera communiquée. Si vous avez un mot à lui faire, passez-le moi, si mieux n'aimez écrire directement à son vrai nom d'Alleaume, à Francfort, hôtel de la Cigogne, près du Doine, n.° 111, mais Francfort-*sur-le-Mein* ; il desire bien avoir de vos nouvelles ; M. Hébert est aux champs de n'en point recevoir ; il crie aussi, de manière que tout le monde crie, excepté moi, qui suis le favorisé, dont je vous remercie. Vous me donnez de l'ouvrage, et vous me comblez ; plus j'ai à faire, plus je suis content ; la personne qui ira vous trouver, et qui est un petit homme de cinq pieds huit à neuf pouces, et gros au moins à proportion, vous remetıra les 200 livres assignats que je vous ai annoncés dernièrement. *Élargissez-nous un peu les fentes ; mais tâchez aussi d'avoir Bretagne, &c. un bon et sûr correspondant, qui ne fasse pas des histoires.* De mon côté, je vais écrire que l'on tâche de faire écrire de par *29* et *77, 2,* lorsqu'ils en seront là, aux quatre adresses que j'ai pour vous ; mais cette marche va être longue, et en attendant, il est bien intéressant que nous ayons des données certaines sur ce qui se passe de ce côté-là.

Je crois vous avoir prié de me faire le plaisir de

me mander le numéro de votre maison, pour éviter la cascade de Nazareth (1). Ce serait infiniment plus simple et plus sûr, lorsque des voyageurs vont de vos côtés. Le gros voyageur est chargé de vous bien embrasser ; il doit vous en arriver un autre avant lui, mais c'est un jeune homme qui n'a pas l'acquit de celui-ci.

Bien entendu que les plans dont je vous ai parlé sont absolument *de vous à nous ;* vous en sentez les conséquences.

Je suis de votre avis ; je trouve que l'on donne un peu trop dans les *capucinades ;* il y a là un 102, 15, 110, 12, 26, 22, 29, 11, 13, 38, 40, 108, 51, 65, 87, qui n'y influent pas mal ; je n'aime pas tout cela. *Vale, Vale.*

Au citoyen FIRMAIN, Limonadier, rue St Victor, à Paris.

Huningue, 4 Fructidor, 21 Août, (vieux style).

NOUS avons reçu, Monsieur, toutes vos dernières, y compris celle du 17. *Nous croyons, comme vous, que la descente doit être faite,* mais nous attendons la confirmation et les détails de vous. C'est une chose bien intéressante, d'autant plus qu'il paraît qu'enfin *nous allons aussi faire une descente de notre côté, avec quatre-vingt mille ponsticks.* Ce qu'il y a de certain, c'est que les premières colonnes sont déjà arrivées à Fribourg, et que 77 va quitter Meulheim pour venir à deux lieues d'ici établir son quartier général à Lorach, *de sorte que l'on peut présumer qu'il y aura une petite violation du territoire bâlois, et certes ils ne s'y opposeront pas, car cela leur coûterait cher.* Votre politique continue toujours à filer vers 49, que nous ne savons pas encore parti pour venir en 77.

N.° 13.

---

(1) Nazareth dont il est ici question, est le nommé Favier, qui demeure rue de Nazareth, et qui de son aveu en son interrogatoire, a reçu quelques lettres pour Lemaître

Je crois que c'est une histoire qu'on vous a faite. — Il me semble que la déclaration dont vous me parlez est bien la véritable que je vous avais expédiée le 15, et qui vous sera sans doute arrivée le 21. Je l'ai fait imprimer ici, et on l'imprime par-tout. — *Je crois l'affaire arrangée avec les Cantons pour le passage, à l'exception de ceux de Zurich et Bâle; mais vous concevez qu'on s'en moque.* Enfin nous voilà à la veille de grands événemens de tous les côtés; je vous tiendrai au courant du moment de l'explosion, et sitôt qu'elle aura lieu, *il faudra changer notre correspondance, et écrire par le Vallais* à votre correspondant de Sion, auquel vous donnerez avis de me faire passer vos lettres; *peut-être même quitterai-je Bâle;* mais je vous préviendrai ainsi que lui de ma marche. Rien de plus aujourd'hui. J'ai écrit hier à Olfen, à Francfort.

Ci-jointe une lettre de Vaufflaur.

Je n'oublierai pas les diamans qui vont à Tunis; mais, hélas! si on les pince, ils n'iront pas chez 49, on n'est pas assez poli pour cela.

Soyer le jeune vous a parlé du prince d'Orange qui va aussi faire des siennes, il lève vingt mille hommes.

Ce Pitt est un *fier bourreau* d'argent. *Vale.*

N.° 14. Je vous ai adressé les déclarations le 15, et écrit le 17 et le 18.

Au citoyen DELARIBIÈRE (1), rue Baujolais, n.° 912.

Huningue, le 22 Août 1795.

N.° 15. JE reçois dans l'instant votre lettre du 18, et je réponds tout de suite; s'il y a quelques lacunes dans notre correspondance, n'en soyez point étonné, parce que, *comme nous ne mettons pas nos lettres à la poste de Bâle, que nous sommes obligés de les faire mettre à un des bureaux de France,* nous n'en avons pas tous les jours les moyens; cette seule raison nous empêche de répondre

---

(1). C'est un autre prête-nom de la correspondance de Lemaître.

lettre à lettre ; sans cela comptez sur notre exactitude. *Il me tarde bien de savoir d'une manière positive la descente en Poitou, et sur-tout avec des forces considérables.*

C'est-là le véritable point où 29 doit se réunir ; ce parti est peu à l'épreuve depuis long-temps, et inspire dans le pays même plus de confiance que *Puysaie qui n'est qu'un intrigant :* je l'ai vu manœuvrer, et je puis vous répondre que Soyer l'aîné, M. le duc d'Harcourt n'étaient point ses partisans ; j'ai encore la certitude qu'au moment du départ il y a eu une scène entre le second et Puysaie ; tout son ouvrage, soyez-en sûr, est bien combiné avec l'Angleterre ; *et il faut espérer que l'aventure de Quiberon aura fait ouvrir les yeux ; MAIS LE BUT EST REMPLI, LA NOBLESSE EST DÉTRUITE, ET LE CORPS DE LA MARINE ANÉANTI. Voilà qui vaut mieux qu'une victoire. Si tout ce qu'on débite à Paris est vrai, il n'est pas étonnant que les comités soient embarrassés, et ils l'auraient été bien davantage si, comme je n'ai cessé de le dire, on avait agi en même temps et avec vigueur au Midi et sur le Rhin :* au lieu de cela, on agit isolément, et l'effet est nécessairement manqué ; on agira cependant sur le haut Rhin, et tout se prépare pour cela. Je vous avais mandé ce qu'avait produit mon voyage à Vienne. *M. de Wurmser* doit être arrivé à Fribourg, et comme lui *est un vieux radoteur, il aura, dit-on, un bon second.* Je pense que si on passe le Rhin, on détachera M. le prince de Condé en Franche-Comté, avec un corps d'Autrichiens auxiliaire ; mais cela tient encore à l'aveu de l'empereur et aux sollicitations du lord Macartney, toujours à Véronne ; il est à poste fixe auprès du roi.

On me mande du 10 qu'il ne transpire rien, qu'on croit qu'il est venu pour apporter la condition de la protection et de la reconnaissance ; effectivement je crois qu'on le paiera par livres, sous et deniers. *La désertion continue toujours ; mais cela ira peu avec les moyens que l'on emploie.* — La personne dont je vous ai parlé dans une de mes lettres, part ces jours-ci, vous portera un mot de moi ; il est des nôtres, et des bons ; *je lui ai remis ma lettre pour M. Delafite s'il est à Paris, avec une de son frère ; je ne vais pas par deux chemins, je*

lui parle clair, je lui demande, AUTORISÉ PAR LE ROI,
tout le plan de campagne arrêté par la Convention, avec
la certitude qu'on y sera sensible : concertez-vous avec mon
gros monsieur pour savoir comment vous ferez remettre
la lettre ; on peut l'annoncer comme une de son frère,
et demander quand on pourra aller prendre la réponse.
— *Si vous aviez quelques aboutissans à vous, tant mieux,*
mon *monsieur* se chargerait du paquet ; *s'il ne voulait point*
l'écrire en noir, donnez-lui du blanc. Tant mieux si la
paix d'Espagne est un jeu. Il se trame ici quelque chose
avec l'Empire ; les députés sont ici tous les jours.
Hardemberg n'a été d'aucune caste. *Vale.*

---

*Timbré d'*Huningue, au citoyen PERRIN, rue
des Écouffes, n.° 22, au Marais, à Paris.

Le 25 Août 1795.

N.° 16.　　NOTRE position, quoiqu'à-peu-près la même, semble
cependant s'améliorer ; toute l'armée autrichienne est en
mouvement, remonte le Rhin, fait traîner des pontons,
et forme des magasins : tout cela, sans doute, fera faire
un mouvement à M. le prince de Condé, et les Bâlois
ne voient pas avec plaisir que cette armée royale est destinée à se rapprocher de Rhinfeld ; il n'est pas douteux
que tous ces préparatifs annoncent qu'il veut passer le
Rhin : mais pour bien faire, il faudrait que l'on agît en
Savoie, pour faire une diversion utile sur Lyon qui se
montrerait alors, ainsi que le Jura, comme on le desi-
rerait. Si le passage du Rhin s'effectue, comment se con-
duira-t-on ! l'empereur sera-t-il auxiliaire, ou agira-t-il
pour son compte !

C'est-là la grande question : *s'il agit pour lui en tenant*
toujours indécemment au système de démembrement,
la chose ira mal, et sera totalement imparfaite ; au lieu
que s'il agissait pour nous, que le roi fût à la tête de
l'armée, et que là il fît des proclamations, et qu'il don-
nât des ordres, beaucoup de personnes se réuniraient à
lui ; mais sans cela, on agira au hasard, et qui sait ce
qui en résultera ! M. de Vurmser est arrivé, il a pour son
état - major l'élite de l'armée autrichienne ; *77* a été
le voir avant-hier à Fribourg, et M. Cranford a été au
quartier général de Clairfait qui, à ce qu'on croit, don-

nera sa démission. Le chevalier de Lazare est de retour de Véronne ; il paraît content, on l'est, dit-il, là-bas ; mais rien ne transpire. *Il a apporté des graces du roi pour l'armée de Condé, 160 croix de Saint-Louis, qui seront données aujourd'hui au camp, jour de la fête du roi ;* M. le duc de Berri est du nombre ; *cinq cordons rouges et une plaque ;* MM. de Viomenil et de Béthisy, quoique n'étant plus à l'armée, l'ont eu aussi : *vous sentez combien on criera aujourd'hui vive le roi ! au camp, et combien on y sera heureux.*

Nous avons ici des visites fréquentes de commissaires de la Convention ; Merlin est toujours à Huningue, jouant au billard toute la journée : voilà l'emploi du législateur. Il paraît que Reubell va venir habiter Bâle ; on assure même que sa maison est louée ; on pense que son séjour ici est uniquement pour surveiller Barthelemy. L'esprit de méfiance est répandu sur tout le monde, et c'est, je crois, *ce qui a fait licencier la gendarmerie ;* la brigade de Strasbourg en est partie le 20 pour se rendre à Saverne, où elle éprouvera son licenciement. *Voilà une classe d'hommes qui pourrait être utile ; mais tout cela n'a pas d'ame,* et quoiqu'ils perdent leur état, ils ne diront rien, et ne savent qu'obéir à des autorités qu'ils méprisent : *la déclaration que vous avez vue est la véritable ; nous la ferons entrer avec profusion,* et elle fait effet quoique peu réchauffante.

Lord Macartney est toujours à Véronne, et y est, comme je vous l'ai marqué, à poste fixe. On lui demandait l'autre jour, en société, s'il avait dîné l'autre jour chez M. le comte Delisle ; il dit que non : on répéta, il feignit de ne pas entendre ; il dit qu'il avait dîné chez le roi : le particulier le regarde pour ce qu'il est. Le Gouvernement n'ose pas l'avouer. Tout cela ne tient sans doute qu'à des conditions qu'on exige ; et je crois qu'il ne bougera, peut-être même M. le comte d'Artois, que quand elles seront remplies. Les voilà donc à la dépendance : mais comment l'éviter ! la chose est difficile dans ce moment-ci : *si cependant il met du caractère dans sa conduite, il embrassera Pitt, qui à coup-sûr veut finir, non pas par intérêt pour nous, mais pour lui, et éviter la bourrasque de la rentrée du parlement.* C'est donc Vienne qui retient aujourd'hui par la ténacité de son système épouvantable.

La personne qui doit partir ces jours-ci pour Paris, n'arrivera qu'après ma lettre ; elle vous remettra un mot de moi ; je lui ai donné une commission pour les cartes de Cassiny. Mandez-moi ce que coute la collection entière, soit en assignats, soit en argent, ou même les cartes séparées, collées sur toile ; j'aurai alors le temps de vous répondre avant que la personne ne reparte : et comme j'en ai omis dans la note que je lui ai donnée, vous voudrez-bien lui dire que les prenant séparément, je prendrai celles de l'Alsace, Franche-Comté, Bourgogne et Champagne : il prendrait celles-là par duplicata, parce que M. le duc de Berry me les a demandées, et je garderai les autres pour moi, si elles ne sont pas trop chères. On a désarmé les bourgeois de Strasbourg ; il n'y a que sept bataillons.

Nous avons reçu votre lettre du 21 ; vos billets partiront pour leur destination ; il n'y a point de courrier ici ; Hardenberg y est toujours, mais point de ministre de Russie ; *le petit paquet du Poitou me déplaît, s'il n'est pas renforcé promptement.*

11 Fructidor, 28 Août, (vieux style).

N.° 17.   TOUT reçu, M., jusques et compris le 24, qui vient d'arriver ; j'ai reçu en même-temps la lettre du Vallais, qui m'adressait un gros paquet que j'ai défait pour le mettre en trois et à trois adresses, parce que, dans ce sens, je n'aime pas plus les gros paquets que vous n'aimez les petits dans un autre sens. La lettre ci-jointe, qui enveloppait les deux autres que vous recevez par le même courrier, prouvait, comme vous le verrez, qu'elle était écrite avec je ne sais quelle encre ; mais le *sexe* perce à *travers les habits.* — Vos dernières, y compris celle du 22, sont allées à 49 ; elles prennent successivement cette route, &c. Vous me reprochez ma stérilité et ma clémence ; eh ! Monsieur, je ne suis pas plus clément que vous, bien certainement : mais que voulez-vous que je fasse ! Je vois à la porte de la ville que j'habite, une armée superbe qui reste là ; je croyais que nous allions entrer, ou pour mieux dire que nous le serions au moment où je vous écris ; et point du tout ; on nous dit que ce ne sera pas avant quinze jours, peut-être même trois semaines. Votre République vient de sommer Bâle et toute la Suisse, de garnir ses frontières menacées, sinon qu'elle les garnirait elle-même; et depuis deux jours votre secrétaire d'ambassade, le sieur Bacher, donne notes sur notes à cet effet. *On ne sait plus où donner de la tête; les Suisses ne sont pas en mesure, et le territoire va sûrement être violé par une armée de soixante à quatre-vingt mille hommes,* toutes les plus belles troupes de l'empereur qui campent depuis Fribourg et environs, jusqu'à la porte de Bâle. Voilà où les choses en sont : en attendant, on voit ici toutes sortes de figures, envoyées par des petits princes d'Allemagne, qui tripotent des paris ou des ouvertures de paix. *Tous ces envoyés font pitié; ce sont les figures les plus hétéroclites et les plus plates, on les reconnaîtrait dans cent mille;* mais tous ces apprentis ambassadeurs ne font ni chaud ni froid, ils ne traitent ici que de petits intérêts domestiques, *et je crois* plus fermement que jamais, que la paix générale ne se traitera pas encore de sitôt, et *que le roi de France la fera de préférence à votre Convention.* — On est cependant toujours à *111. 2. 110. 4. 8. 2.* — Et je ne sais pas plus que vous quand on en sortira. X Je crois vous avoir mandé que 29 était arrivé à Spithead le 2, et je suis tenté de croire qu'il est déjà débarqué. *Tâchez de vous ouvrir des fentes sur ce point, pour nous tenir au courant de ce qui s'y passe; c'est le point le plus intéressant, jusqu'à ce que nous fassions des nôtres.* Mais je ne vous dissimule pas que je ne serai un peu content que lorsque je verrai *49* lui-même, et que nous agirons en son nom, et non pas en celui de *dd* (1). *Je pense bien comme vous sur ce* d d, *et personne ne déteste plus que moi cette engeance* d d, mettez vous . . . . . Vous voudrez bien me dire si les trois lettres d'aujourd'hui, y compris celle ci-jointe, sont arrivées à bon port. — J'ai fait votre commission pour le chevalier de Conti, et j'ai mandé à M. *2. 110. 4. 8.* qu'on pouvait continuer les adresses.

Vous voudrez bien me faire savoir si je dois continuer à adresser, sous le nom de *103. 3. 110. 107. 11. 13. 78.* Vous ne devez pas tarder à voir arriver la seconde

______

(1) D'après la correspondance, *d d* désigne l'empereur.

estaffette ; c'est avec cette seconde que *vous pourrez vous arranger pour les objets cérémoniaux ,* de préférence à la première. Vous reconnaîtrez ce second au portrait que je vous en ai fait , et à 200 assignats qu'il est chargé de vous remettre de ma part. Vous savez d'où ils viennent , il a des moyens pour emporter tout ce que vous voudrez bien lui remettre. Vous voudrez bien m'envoyer la note de tout ce que cela coûtera , et vous vous paierez d'abord par vos mains. Merlin est reparti d'Huningue pour Paris avec Reubell. *Vale , vale :* priez Dieu que nous entrions bientôt. Cela me tarde autant qu'à vous , je vous en donne bien fermement ma parole.

Recevez mon compliment sur la sortie de votre suppléant. Je l'ai mandé à *49.* et à *77.* Nous vous avons écrit les 18, 21, 22 et 25. *Iterum vale.*

Au citoyen CONIBERT, rue Jean-Saint-Denys, n.° 31, à Paris.

D'Huningue, le 29 Août 1795.

N.° 18.   C'EST sûrement par erreur que votre lettre reçue aujourd'hui est datée du 24, puisque celle d'hier l'était ; mais la chose ne fait rien , puisque j'ai de vos nouvelles. *Je crains bien qu'on ne vous ait trompé pour la descente de Monsieur , quoique cependant , à la rigueur , la chose soit possible.* Soyer nous écrit hier , du 14, qu'il ne peut aller rejoindre et voir le prince sur son vaisseau. Or s'il était le 15 dans les ports d'Angleterre, il me paraît impossible que l'on sût à Paris qu'il était débarqué. Vous nous direz cela demain , j'espère , d'une maniere plus positive. On fait toujours des préparations sur le haut Rhin ; mais rien n'annonce encore que l'on veuille agir.

Cependant tout se mitonne , et les patriotes font venir du monde en Alsace. Hier , M. de Manson a été joindre M. de Wurmser à Fribourg , pour concerter sans doute quelque chose. *Les patriotes n'ont pas de magasins faits. Les Suisses nos anciens amis , mais que je déteste bien , se prétent à tout ce qu'ils desirent :*

Sous le prétexte d'appaiser le murmure des paysans qui trouvent très-doux de vendre tout très - cher, ils ont permis qu'il sortît du canton de Berne douze mille bœufs; et le pays de Neufchâtel, gueux et avide, lui qui dans tout l'État n'en a pas mille, a permis qu'il en sortît deux mille. Un habitant de Soleure, de moitié avec un Bâlois, se sont obligés de fournir une très-grande quantité de riz, sous le prétexte qu'il est pour le Porentruy, et une fois rendu-là, avec de la fraude, on le fera passer à sa destination. *Si les Puissances, toujours au maillot, avaient le ton convenable, elles auraient évité le scandale : mais il leur convient;* il entretient le corps politique de France, qui n'use de ses forces que pour détruire toutes les nôtres. L'empereur est bien récompensé, ainsi que l'électeur de Bavière, d'avoir permis, à la sollicitation de l'Angleterre, qu'il sortît de leurs États, quatre-vingt mille sacs de blé il y a cinq mois, pour le corps helvétique. De tout cela, de tout ce brigandage, j'en ai prévenu les différens ministres. On dit que c'est affreux; mais on ne prend aucune mesure pour arrêter l'indécence. On me mande de Véronne, que le roi et entours sont gais et contens. Vous avez beau desirer que 49 et 77 se portent en avant; mais soyez donc bien sûr que ce dernier sur - tout, entouré et aux ordres de l'armée autrichienne, ne peut rien. *Vos raisonnemens sont justes, mais on est en tutelle;* et j'en ai si fort senti l'inconvénient, que j'ai insisté pour que le roi ne donnât pas dans le piège. On m'a remercié.

Conti mande qu'on suivra votre avis pour les adresses; mais il dit que vous n'êtes pas raisonnable de vouloir qu'ils marchent en avant. *La déclaration a fait fortune sur la frontière, à Lyon, à Grenoble.* A Lyon, où je l'avais envoyée, on l'a imprimée, et on en a distribué cinq mille le 21. *Les prêtres colportent, et le tout pour l'amour de Dieu; ce corps est devenu singulièrement désintéressé;* je serais bien fâché que l'intrigue qui se renouvelle pour madame Royale eût son effet. En cas d'événement on veut avoir un ôtage; c'est-là ma crainte; et c'est ce qui m'a fait insister pour que 49 restât toujours libre. Barthelemy est malade, fort mélancolique, et je ne serais pas étonné que le remord n'agisse sur lui. *J'avais mandé que si on voulait, je* le tâterais pour savoir s'il obéirait à un ordre du Roi qui lui ordonnerait de quitter la place, et de remettre en main indiquée tous les papiers de l'ambassade, qui auraient donné les éclaircissemens. On n'a pas répondu, parce que l'on ne répond jamais. *Vale, cras.*

Le 30 Août 1795.

N.° 19.   *Les* Anglais, *mes commettans, desirent avoir une correspondance suivie avec* Paris *; ils m'ont chargé de* tâcher de l'établir pour savoir ce qui se passe, *et sur-tout de la lier, si la chose était possible, avec la partie* Charrette *et* Chouans. Ils ignorent que je sois en relation avec vous ; par conséquent ils ne voient point les nouvelles, et seulement de temps en temps je leur dis que j'ai vu une lettre de Paris, qui dit telle ou telle chose : comme pour parvenir à savoir ce qui se passe, il faut de l'argent, que pour agrandir les fentes, y pénétrer, donner des goûtés, du vin de Champagne, *il faut de l'argent*, que nous n'en avions point, *il faut tâcher de faire payer nos découvertes à mes* Anglais, et alors vous seriez mieux instruit ; en conséquence, je leur ai dit : je sais bien qu'il y a à Paris un nommé Sachant ; je ne sais pas s'il s'en est absenté ; j'ignore son adresse ; mais je vais charger quelqu'un qui part pour Paris, de le déterrer, et je vais lui écrire ; c'est donc à vous de m'écrire la lettre suivante que je montrerai avant de commencer cette correspondance : il faut convenir de nos faits, c'est-à-dire, que comme les Anglais verront les lettres originales, il faut qu'elles ne contiennent que ce qu'ils devront voir. Par exemple, tout ce qui serait projet de mouvement intérieur, ou de toute autre chose qui tendrait à déjouer les puissances, tout cela doit être, pour nous, écrit séparément. L'opinion du roi, des princes dans l'intérieur, &c. tout cela, comme vous sentez bien, doit être tu. *Sur toute chose, ne parlons pas de la perfidie anglaise, de celle de* Pitt, *&c.;* mais seulement quelques légères improbations ou conseils ; tout le reste de la politique pourra être mis à découvert ; *intrigues de* Vienne, *celles de* Doulcet, &c. tout peut se dire ; *et si les* Anglais *pouvaient même déjouer* Vienne *pour madame* Royale,

la

la chose irait bien; mais peut-être sont-ils d'accord : convenons encore que toutes les lettres ostensibles seront sous les noms, *Louis Bernes, Gabriel Campagnac*, et sous l'enveloppe de *M. Merion., au Sauvage.*

Lettre à LOUIS BERNES.

J'ai reçu, Monsieur, la lettre que vous m'avez écrite par la personne qui vous a quitté depuis peu de temps : c'est au moyen de M. Fal, à qui vous l'avez adressée, qu'il a découvert mon logement : je vous avoue que n'ayant jamais eu de réponse aux deux lettres que je vous ai écrites il y a quatre mois, j'ai dû croire que vous n'étiez plus en Suisse ; et comme l'arrestation de l'homme qui m'avait été envoyé de Londres, m'a donné de l'inquiétude par l'imprudence de vos gens, je n'ai pu suivre aucune correspondance que pour mon intérêt particulier : j'aurais eu cependant bien des moyens pour être au courant, et il eût été peut-être essentiel pour vous et vos commettans, que vous y fussiez été ; mais à présent que vous me mandez que vous êtes à poste fixe à Bâle, et à portée de vos commettans, je tâcherai de vous informer de ce qui se passe, bien entendu aussi que vous me tiendrez instruit de ce qui se fait de votre côté. Vous me demandez beaucoup de choses ; sans doute vous voulez établir une correspondance avec les armées de la côte, et vous voudriez savoir ce qui se trame et se passe dans les comités et aux armées : cela est fort bien ; voilà un grand ouvrage ; ce ne serait rien si, pour faire, il ne fallait plus de moyens que les miens . . . . j'y mettrai tous moyens, travail, &c. ; mais que je vous dise une chose, et vos commettans le feront sûrement, c'est qu'on n'obtient rien de la part des meneurs qu'en les alléchant, les invitant, en payant les entours, &c. ; calculez cela : quel mode que l'on adopte, j'agirai également, parce que tout ce que je demande, moi, c'est d'être utile ; ma profession de foi est connue. Je suis, Mr. &c.

A la suite de la lettre vous pourrez donner les nouvelles du jour. On tremble toujours ici davantage, on ne sait pas positivement encore la réponse de tous les Cantons : on dit qu'il y a des opposans, et en supposant de plus que le corps Helvétique voulût garnir la frontière, et empêcher le passage, il faut du temps. Il se peut très-bien que les patriotes violeront eux-mêmes le territoire; je le desiserais, parce que ou les grands cantons le trouveraient mauvais, ou les Bâlois seraient sûrement châtiés par les uns ou par les autres. C'est probablement ce qui leur arriverait.

Il est arrivé, il y a deux jours, un M. Nery; il était à Vienne ministre de Portugal : il est ici, sans doute, pour préparer la paix de son pays, et le déshonneur d'un trône de plus. Bonjour : à l'instant, arrivent vos deux lettres du 26. *Vale.*

Au citoyen BARON, rue Bourbon,
   numéro 91, au Marché, à Paris.

Paris, 2 Septembre.

N.° 20. JE ne vous écris pas plus souvent, parce que le pays que j'habite n'offre plus d'intérêt, et parce que je suis impatient de ne pouvoir vous faire parvenir mes pauvres petites Bucoliques qu'au bout de trois semaines ; j'aurais sans cela grand plaisir à vous écrire toutes les semaines. Mon dernier poulet partit le 7 août *par la voie de Bâle.* Celui-ci va suivre la même route, puisque je ne puis pas obtenir d'adresse pour écrire directement, et que je vois Br. effarouché, et la rue de l'Univ. desirant de recevoir par vous. Indiquez-moi donc un moyen, si vous en connaissez, qui ne compromette ni votre personne, ni votre bourse. Br. doit avoir encore de quoi payer; et, quoiqu'aussi pauvre qu'un autre, je ne demande pas mieux que de faire tous les frais pécuniaires. — Rien reçu de vous depuis les 20 et 23 juillet; j'ai cru que le désastre de Quiberon vous avait coupé le sifflet. Gare de nouveaux malheurs! *13* doit être en France depuis une quinzaine de jours; *13* est resté avec lord Moira, et il passa en revue, le 12 août, les corps d'émigrés rassemblés à Southampton. — *Omnis creatura ingemiscit et parturit usque adhuc. Non habemus hîc manentem civitatem, sed futuram inquirimus. O ! qui me gelidis in vallibus alma (patria), sistat ! et ingente ramorum protegat umbrâ ! quâ pinus,* &c.

Mais le ciel et la terre paraissent également sourds à ma voix, *rien ne marche que le temps et notre ruine totale.*

Cependant, je ne me tiens pas encore pour mort, la boîte de Pandore et les fioles de l'Apocalypse doivent être bientôt épuisées ; l'espérance surnage encore, mais elle ne va plus que d'une aile.

Spes quæ differtur affligit animam.

Je ne puis vous parler nouvelles, puisqu'elles sont archi-vieillies quand vous les recevez de moi par ricochet ; je ne puis pas non plus vous envoyer mes almanachs, parce que toutes mes idées sont renversées par les paradoxes aussi étrangers que scandaleux de la paix de l'Espagne, des lenteurs autrichiennes, du silence russe et des petits paquets anglicans. — Mon opinion générale est qu'un grand coup de tonnerre, aussi inattendu que le reste, fera finir l'orage ; mais je ne vois pas sur la terre un seul Jupiter foudroyant : *Cælo regnantem credidimus Jovem regnare.* Heureusement la conduite du R. de F^e à l'égard de son neveu est bien sévère. Ce jeune prince a été forcé de quitter Osnab. avec son petit rassemblement, dans l'espace de 24.^h..... il est entre l'elle et   en attendant sans doute que les négociations de Bâle aient décidé quelque chose sur la Hollande, où la contre-révolution est, dit-on, plus près d'éclater qu'en France.

Je ne sais pas encore où. 13 *sera débarqué ;* la gaz. de Leyde nous l'apprendra : c'est un rude moment d'angoisse pour mon cœur dans la solitude où je suis. — Le *sic te diva potens* va grand train, mais c'est à la patronne de la France que mes vœux s'adressent, et non à celle de Chypre, que *13* n'a que trop invoquée pendant sa vie.

Le fils de 77 doit être parti le 26 août pour aller le joindre ; ils sont amis intimes, comme je suis le vôtre.

Au citoyen P_ERRIN, rue des Ecouffes au Marais, n.° 22, à Paris.

Huningue, le 3 Septembre 1795.

N_OTRE position, Monsieur, est toujours la même ; N.° 21.

beaucoup de préparatifs d'attaque et point d'effet. Je ne crois pourtant pas que cela soit long ; mais, ce qu'il est impossible de savoir, c'est le mode que l'on adoptera, et la question se réduit à deux points. *L'Empereur entrera-t-il en Alsace en conquérant, ou entrera-t-il pour soumettre pour le roi de France !* Je vous avoue que je n'en crois rien. Car, pour disposer des esprits, il fallait annoncer son plan d'avance X ; mais on tient toujours à se dédommager par soi-même, et ce système bien impolitique peut non-seulement faire manquer la campagne, *mais porter un grand coup aux dispositions des assemblées primaires ; et l'ennemi entrant sur le territoire de la République, la Convention détournera tout ce qui est relatif au bien que pourraient faire les assemblées, pour leur persuader que le grand intérêt est de s'occuper d'abord de repousser l'ennemi.* Qui peut nous répondre d'ailleurs que la cour de Vienne, qui connaît les dispositions de l'intérieur, ne soit intéressée à l'empêcher de se manifester d'une manière qui pourrait être contraire à ses vues ! *Bâle a toujours peur.* Ses magistrats ont été hier pour voir le général Wurmser. Il était absent : il a rassuré par sa lettre les habitans, en leur écrivant qu'ils pouvaient être tranquilles, que leur territoire ne serait pas violé : malgré cela, aujourd'hui le conseil a notifié à tous les habitans de tenir en ordre sabres et fusils et de se munir de vingt-quatre cartouches, et que chacun soit à son poste au premier signal.

T O T U S   T U U S.

Le camp de Stingen , près de Bâle, a accepté hier la constitution. Pas un soldat n'a émis son vœu. On s'est contenté de leur dire : Vous acceptez la constitution. Soldats et officiers ont été mécontens.

Timbré Huningue , au citoyen CONIBERT , rue Jean-Saint-Denis , n.° 31 , à Paris.

19 Fructidor, 5 Septembre (vieux style).

N.° 22. Soyer le jeune, qui était parti hier matin pour Mulheim , vient d'arriver ; il vous écrira probablement d main. *Monsieur* était encore en Angleterre. Le 19 il

n'y avait alors qu'une avant-garde de Moira qui fût em-
barquée; quant à ce côté-ci, je ne puis vous dire autre
chose, sinon que j'ignore maintenant quel but avait le
grand mouvement des Autrichiens, puisqu'il paraît que le
passage est ajourné : imaginez-vous que *l'armée manque
d'avoine depuis huit jours : il y a, entre nous soit dit,
beaucoup de gens à qui on devrait en faire manger* : je
crie, je jure, mais malheureusement je ne suis que la
mouche du coche.

D'après tout ce que je vois, je suis plus convaincu
que jamais que *notre seul espoir est dans la Vendée;
c'est-là notre salut, il n'y a ailleurs aucune énergie.* 77
est lié, je crois qu'il le sent aussi bien qu'un autre;
49 est dans un coin, et il ne peut faire un pas sans
permission.

*Voilà les constitutionnels de 9 1 qui remuent ciel et
terre pour reparaître sur la scène,* nous allons voir de
belles choses!

Je ne vous ai pas écrit depuis plusieurs jours, puisque
Soyer le jeune vous écrivait; d'ailleurs je n'avais rien de
neuf à vous mander; je fais toujours filer votre politique
en *49.*

Notre gros citoyen ne tardera pas à vous arriver; il
s'adressera à *Favier* pour avoir votre adresse.

J'ai fait passer hier, une demi-heure après l'avoir
reçue, votre note de Savone : elle arrivera sur les lieux
assez à temps pour qu'on puisse en profiter.

On vous avait fait des histoires avec le passage du Rhin
par Pichegru, il n'y a pas un mot de vrai.

Il en est de même du séjour de M. de la Queuille en
Suisse, il est toujours bien tranquille en Westphalie : *je
ne connais point votre adresse de Besse;* vous me l'in-
diquerez si vous voulez : *peut-on écrire maintenant à
celle de Firmin !*

On nous annonce l'arrivée de Madame Royale comme
très-prochaine; l'échange doit, dit-on, se faire à Bâle :
*je serai assurément bien content de voir sortir des fers
cette jeune et infortunée princesse ; mais je ne la vois
pas avec plaisir tomber entre les mains autrichiennes;
j'aimerais bien mieux la voir entre celles de Charrette;* ce
serait là sa vraie place. Nous ne sommes pas encore
au bout de nos maux; il faut auparavant que *29* ait
conquis la France, et ait ensuite fait la loi à ceux qui

veulent nous la faire ; et si on avait du sang dans les veines on en viendrait à bout. *Vale.*

Je réfléchis que Soyer ni moi ne pouvons vous écrire demain, attendu que nous n'aurons point d'occasion ; mais dans deux jours. Armons - nous de patience, Monsieur, nous en avons besoin.

Ce 7 Septembre 1795.

N.º 23.

COMME je présume que vous n'avez pas perdu votre goût pour les nouvelles, et que maintenant nous communiquerons fort aisément, je vais vous mettre au courant, et je continuerai tant que je pourrai, pour que vous ne vous plaigniez pas de ma paresse.

Décidément le ci-devant d'*Artois* est embarqué sur la frégate *le Jason, pour aller dans la Vendée ;* son fils l'accompagne, ce qui n'amuse pas les ci-devant, qui desirent avoir toujours un chef pour troubler notre patrie. *L'expédition n'est que de quatre mille hommes en tout.* Il paraît que lord Moira attendra paisiblement le succès ; les Anglais nous servent bien, en faisant détruire nos ennemis en paraissant les servir. *Tous les embarqués mandent qu'ils n'en reviendront pas, et que Hoche les attend.* Cependant ils mandent qu'ils ont de bonnes nouvelles de Charrette ; mais ils craignent de ne pas y aller : cela paraît cependant sûr. *Beaucoup de ci-devant sont restés avec le lord Moira ; ILS VEULENT VOIR VENIR.* Si la Convention ne respire que la guerre, l'Angleterre en fait autant, et l'on paraît en armes dans ce pays-là : le tableau est bien différent ici ; jamais l'empereur n'a eu une si belle armée ; le général Wurmser est dans le Brisgaw, avec une armée de quatre-vingt mille hommes, l'élite des troupes ; on a retiré de cette armée tous les régimens qui s'étaient mal conduits aux Pays-Bas ; les routes sont couvertes de boulets et de bombes ; il a eu le choix de tous les officiers - généraux. *Cependant, avec tous ces moyens, il sent que nous sommes plus forts que lui ; il menace d'un passage du Rhin ; mais on croit qu'il n'en fera que le semblant.* Cependant le jeu est bien cher pour l'empereur, et peu couteux pour nous ; Clairfait a son quartier à Groguenau, Mayence ; il paraît qu'il n'est que pour la défensive ; nous avons causé en bombardant Neuvied ; nos amis disaient déjà en Bohême que nous avions pris Francfort ; cela a fait du bien pour le moment. *L'armée du ci-devant Condé ne s'augmente pas beaucoup ;* l'expédition de Puisaye en a diminué un peu le nombre, et *le recrutement n'est pas fort ;* notre allié le roi de Prusse jouit bien, et voit son ennemi s'épuiser contre notre rocher ; il amasse pour l'attaquer après. Le général de Vins ne fait plus rien en Italie ; il voulait seulement prendre des postes pour couvrir la Lombardie ; et le roitelet de Sardaigne est traité fort lestement, et même on le mène comme un émigré. Cateau a les jambes enflées et ne marche presque plus ; mais elle s'occupe toujours de dépouiller son roi de Pologne ; *foutez donc ces belles dames, quand on ne bande plus elles reprennent ce qu'elles vous ont donné.*

Tous les corps anglais, à cocarde blanche, vont à l'armée de Condé ; *cela ne la renforcera pas de beaucoup ; tout est officier et point de soldats ; la paix de l'Empire paraît retardée, au grand regret des princes qui nous craignent beaucoup.* Adieu, mon ami ; de vos nouvelles souvent ; je serai exact : n'ayez point d'inquiétude ; mais sur-tout envoyez-moi des commissions pour l'objet demandé. *VALE.*

De Huningue. Au citoyen **LARIBETTE**, rue Beaujolois, au Marais, n.° 9, à Paris (1).

Le 7 Septembre 1795.

ON vous a mandé avant-hier que je revenais de l'armée. L'attaque ou le passage du Rhin, que l'on croyait très-prochain, me paraît retardé ; et s'il est vrai que l'on traite sérieusement de l'échange de Madame Royale, je doute que l'on fasse rien que cela ne soit fini. Je vous avoue que je ne vois pas sans peine cette négociation ; cela me prouve ce que j'ai dit et écrit le lendemain de la mort du jeune roi : *c'est qu'il fallait bien se méfier de l'empereur ; que peu d'accord avec l'An-*

N.° 24.

---

(1) Autre prête-nom de *Lemaître* pour sa correspondance.

gleterre, il craignait d'être enfilé par *Londres*; il était *de son intérêt d'avoir un nantissement*, et ayant-peut-être trouvé quelque résistance à ce que le roi lui-même se mit à sa dépendance, on croira avoir un otage dans la princesse, pour la rançon de laquelle on traitera sans rendre l'argent de la prétendue dot que l'on aura touchée. *Voilà encore une autre infamie dont je crains qu'on ne se doute pas à Véronne*, malgré tout ce qu'on lui dit. C'est par une suite du même principe que je vous ai dit souvent que *77 serait toujours en tutelle*, et dans l'impossibilité d'agir par lui-même, puisqu'entouré de l'armée autrichienne, *il ne peut pas faire un pas sans son consentement*; et quoi que l'Angleterre fasse (et assurément elle fait beaucoup), *77 sera toujours paralysé*; et comme *l'empereur fournit les subsistances, il les laissera manquer quand il jugera à propos. Les magasins ne sont pas seulement fournis*, car on a été dix jours sans avoine; et lorsque j'ai observé que l'on attendait sans doute que l'armée française fût bien renforcée pour passer le Rhin, on m'a répondu que la grosse artillerie n'était pas encore arrivée, et que les subsistances étaient en chemin. *C'est au mois de septembre que l'on prépare, et que l'on se pourvoit des objets pour faire la campagne. Cela fait pitié. Personne ne paraît content.* J'ai trouvé le prince abattu; et M. Wickham ne m'a pas paru content non plus. *Vienne et Londres, je crois, ne s'entendent pas trop dans ce moment-ci.* L'empereur se voit, je crois, enfilé; et il voit peut-être avec chagrin les progrès vendéens, le secours des Anglais et la réunion des Russes. Il est vrai que *si cette partie-là voulait bien aller, Vienne, avec tout son machiavélisme, se trouverait attrapée. Aussi,* et j'en reviens toujours là, *le nantissement de la princesse lui paraît-il nécessaire:* et peut-on craindre que ça s'étende sur cette petite poignée de monde qui sera toujours sans force et sans pain, lorsque l'empereur le voudra! M. Wickham m'a pourtant assuré que, si l'empereur entrait en Alsace, il n'y entrerait pas en vainqueur. C'est bien quelque chose. On ne comprend rien à la nomination de M. de Wurmser: c'est un homme fini, sans moyens aucuns, et pas bien avec le prince, d'après ce qui s'est passé en 93. Le prince a été pourtant le voir. M. de Wurmser a passé deux fois à Mulheim: il ne s'est point arrêté; *il a traversé le*

camp des gentilshommes pour visiter le long du **Rhin** *:*
il ne s'est point arrêté. Ces formes, sans doute, sont
convenues, et sont bien détestables. Le prince était bien
avec M. de Clairfait ; il n'a plus rien à faire avec lui ;
nouveau talent, nouvelle horreur.

La paix de Hesse paraît décidée : son ministre Waysse
est parti hier avec M. de Hardenberg, pour aller dans
quelque canton suisse. Vont-ils pour renouveler quelque
traité entre la Prusse et le Corps helvétique !

J'ai reçu vos renseignemens sur les cartes de Cassini ;
mais il est essentiel que vous me disiez si ces cartes sont
collées sur toile pour le prix de 16,000 livres en assignats ; si on peut sans danger les expédier pour la
Suisse ; si on vend les feuilles séparées, et combien ;
dites-moi aussi si, les prenant, il ne faudrait pas acheter
les assignats et vous les envoyer. S'il fallait les envoyer
à portée de la frontière, le gros Monsieur que vous
aurez vu, pourrait vous indiquer une adresse. Combien de cartes y a-t-il dans la collection entière ! *Totus*
tuus. Que se sera-t-il passé hier aux assemblées pri-
maires !

------

22 Fructidor, 8 Septembre (vieux style.)

Reçu toutes vos lettres jusques y compris celle du 4   N.° 25.
de ce mois, que nous avons reçue aujourd'hui : je crois,
monsieur, que des *chansons sont les ouvrages qui con-*
viennent davantage au peuple français ; en conséquence
nous en établissons une fabrique, et je vous en envoie
un échantillon ou prospectus, en attendant les autres ;
j'espère que vous, en ferez imprimer et répandre avec
profusion dans l'armée sous Paris, et dans Paris : lorsqu'il
en sortira de dessous presse, je vous les adresserai de
même, *et vous ferez gémir les presses en chansons ; ce*
sera au moins un peu plus gai.

On nous annonce que *D D* vient de nommer le baron
de Dietrichstein pour se rendre auprès de *49 :* on infère
de là que la scène va changer.

L'armée autrichienne s'augmente toujours ; on nous
remet à quinze jours pour le passage ; il arrive encore
des troupes et des munitions de toute espèce du fond
de l'Allemagne : *c'est une fière bouteille à l'encre.* La
Vendée, Vendée, ibi salus.

Soyer nous a écrit hier ; je sais que Barthelemy n'est pas content , et a écrit à un ami confidemment, que tout cela finirait mal. VALE.

Huningue, le 10 Septembre 1795.

Au citoyen PERRIN , rue des Écouffes, n.° 22, au Marais, à Paris.

N.° 26.   J'AI reçu votre lettre du 5 , et j'y réponds tout de suite : *le duc de Berry a trouvé la dépense de soixante louis un peu forte*, et on m'écrit ce matin pour borner à celle des cartes séparées seulement pour les provinces que je vous avais demandées , ayant seulement l'attention de voir s'il ne manque rien dans cette petite collection : vous pourrez la prendre par duplicata , parce que j'en garderai un exemplaire pour moi; il faudra seulement s'informer si on peut l'envoyer tout bonnement directement à Bâle , ou s'il ne faudrait pas prendre quelque précaution pour l'adresser à quelqu'un à portée de la frontière. Comme vous aurez vu sûrement , quand vous recevrez ma lettre , le gros personnage , il pourra vous dire s'il pourra s'en charger lui-même , ou s'il aimera mieux adresser le tout à quelqu'un de sa connaissance. Quant au paiement, je ferai tout ce que vous voudrez, ou je vous enverrai une lettre du montant quand vous m'en aurez fait passer la note , ou, si la personne repartait tout de suite , elle pourrait m'acquitter là-bas , et je rembourserai ici. Le jeune prince est pressé d'avoir : il croit qu'on agira incessamment; mais je crois qu'il se trompe. *Si on a l'espoir de traiter pour madame Royale , je doute qu'on fasse rien que cela ne soit fait. Voilà un de ces traits que Paris, Pitt, devraient déjouer ;* ce dernier sent qu'il a besoin d'aller, et la cour de Vienne craint d'être jouée : elle le sera sûrement, sur-tout si 29 arrive; et l'existence de Charrette bien prononcée , *on attire à soi Normandie et Bretagne : c'est alors que les deux tiers seront à bas, et cela seul peut nous sauver, si les constitutionnels ne prennent pas la direction des affaires : c'est à quoi ils visent, à l'aide de quelqu'autres puissances qui veulent encore mettre le bâton à la roue. Si Paris était ferme, tout irait ; mais je n'y ai pas de confiance.* Je reçois deux lettres de Véronne , tout y est dans le même état ; M. de Flachel me paraît abattu de l'affaire de Quiberon : il ne savait pas qu'elle se répare. Je finis , M. Wickhau me fait demander.

Le 14 Septembre 1795.

HÉLAS ! oui, je connais votre impatience, et, en vérité, N.° 27. tout ce qui se passe est au-dessus de l'intelligence humaine. *Les Autrichiens ne viennent-ils pas de laisser passer le Rhin à Dusseldorff ! La ville a été prise avec une énorme artillerie ;* le général, dit-on, a été surpris, et a fait sa retraite ; cela donnera, non des conquêtes en avant, mais des chevaux, bestiaux, etc. Sur ce qui est compris dans la ligne de démarcation ici, on ne se dispose à rien, et on ne fera rien ; on a laissé renfermer l'armée ; *il y a devant nous quarante-cinq bataillons ; j'en ai donné l'état nominatif ;* mais on répond froidement : la grosse artillerie n'est pas encore arrivée ; les subsistances sont après. M. Wickham , que j'ai vu à son retour, n'était pas content : je lui ai dit le fin mot : *Si vous ne vous pressez, si vous n'allez franchement, vous serez trompé par Vienne ; et il n'y a qu'en travaillant pour le roi, et donnant une grande existence à Monsieur, par Charette, que vous pouvez tout déjouer.* A tout cela on ne répond rien ; mais on veut savoir le fil de *l'intrigue-Doulcet ,* et pour cela on m'a remis près de cent louis pour vous faire passer ; c'est votre affaire ; dites-moi comment vous voulez que j'en dispose. Wickham et Cranfard ont été enchantés de votre première lettre ; ils n'ont rien vu des autres, parce que ce n'était pas possible, *et je ne pourrais leur en montrer qu'autant qu'il ne sera jamais question de celles écrites à Doré, qu'on ignore être en correspondance avec vous :* dans celle du 9 , je me serais bien gardé de leur parler en totalité des dispositions de Paris, sur-tout si on voulait tourner les mouvemens vers le roi : c'est à vous à juger cela ; et rappelez-vous que celle que je dois remettre en original à M. Wickham, doit toujours être à l'adresse Campagnac, ou Bernes , les autres sont pour mon compte particulier.

Ne me parlez point du tout de la note importante que vous m'avez envoyée, et pour cause. *M. Wickham n'est pas content de ce qu'on rebute les constituans; tous les gens ici y tiennent, et souvenez-vous, si la quatrième législature est menée par eux, qu'elle ait un peu d'aplomb, on sera fort aise de traiter avec eux, de proposer au roi d'accepter,* sine quâ non. Avez-vous vu un ouvrage de Dumouriez, qui fait fortune! *Il appelle la constitution de 91, atterre le roi, en disant malheureusement des vérités.* Je n'en ai vu que des fragmens. A Véronne on paraît triste, disent les lettres du 31. Le bailli de Crussol est parti pour Vienne: cette cour et Londres s'observent; on envoie sans cesse des courriers. M. Cranfard m'a demandé hier M. de Valdeuc pour l'envoyer porter une dépêche au chevalier Eden, à Vienne; on ne sait que croire, on ne sait que penser : *tout ceci est un bois. L'empereur n'a pas voulu que l'on répande, de son côté, la déclaration du roi.* M. Wickham, qui se trouva dans une chambre avec des manifestes de Charrette, me dit que c'était inutile à répandre. Je ne sais pas si le radoteur Wurmser, qui a passé deux fois à Mulheim sans aller voir 77, a peur que l'on passe le Rhin de ce côté ci, comme on l'a fait à Dusseldorff. Il a fait proclamer un ordre. qu'au premier coup de tocsin, tous les paysans armés se rendissent à des points donnés. Cela est par trop fort quand on a plus de soixante mille hommes superbes. *SI PARIS VOULAIT ALLER, grand Dieu! que ces gens fourbes, atroces, petits dans leurs moyens, seraient attrappés!* et c'est, à vous parler vrai, ce qu'ils craignent. Le passage du Rhin provoquera sans doute quelqu'autre paix. *Le ton de l'armée près de Paris paraît bon ; entretenez cela ; liez la partie ; donnez du nerf, de la résolution ; faites faire explosion et crier vive le roi !* vous aurez mérité de la patrie ; on vous donnera les honneurs de la séance, l'accollade, &c. : vous voyez que je vous propose de petites choses, peut-être, à la vérité, plus aisées en spéculation qu'en réussite. L'armée du Midi a eu un avantage ; mais celle de Devins est paralysée, et les Français, toujours plaisans, ont fait répandre des billets où ils ont mis, *bonnes récompenses à qui donnera des nouvelles de l'armée autrichienne.* Les Russes, comme à leur ordinaire, nous auront sûrement fait des com-

plimens. *Vale.* Je suis inquiet que le *gros monsieur* ne
soit pas arrêté.

Adresse timbrée Huningue.

A la citoyenne D U F A I L L Y, rue Saint-
Claude, au Marais, Pont-aux-choux,
numéro 349, à Paris (1).

Francfort-sur-Mein, ce 15 septembre 1795.

JE tremble sur le sort de ma dernière lettre ; je N.° 28.
l'ai cependant embrouillée tant que j'ai pu ; nos yeux
doivent être détrompés, et nous devons voir les puissances sous leur véritable aspect. La paix de la Prusse,
contre laquelle on a cru, était forcée pour lui. Il n'a,
ne peut avoir..... qu'un seul intérêt, celui de l'intégrité de la France comme puissance territoriale. *Il s'est
aperçu un peu tard que l'Angleterre ne pouvait avoir
qu'un but, celui d'écraser la France, et qu'il travaillait
à sa propre ruine.* Il a tout sacrifié pour se tirer d'embarras, et l'on ne peut le blâmer. L'Angleterre voyant
que cet allié lui manquait, s'est jetée entre les bras de
l'Autriche, dont l'aveuglement pour la destruction de la
France ne cessera que par sa propre ruine : elle laisse le
roi de Prusse s'enrichir aux dépens de la Pologne ; elle
lui laisse une prépondérance sur les princes allemands,
qui ne peut aller qu'en augmentant, vu ses nouvelles
acquisitions. Elle laisse devant la frontière de la Hongrie,
la Russie, pour acquérir quelque Palatinat, dont la dépense surpassera la recette. *Il n'y a que la bêtise des
princes allemands, qu'on peut comparer à celle de l'Autriche. Ils ne voient pas, et n'ont jamais vu que la France
anéantie est le signal du partage du gâteau ; l'empereur et
le roi de Prusse se trouveront d'accord pour dépouiller ces
trois cents imbécilles.* Malgré les démarches et les dé-
penses énormes des Anglais, je ne puis les voir que
comme ennemis. On croirait qu'elle aurait un intérêt à
conserver la France dans l'intégrité de son territoire sur

---

(1) Autre prête-nom de la correspondance de *Lemaître.*

le continent, sur-tout pour la conservation de la Hollande et de l'Hanovre; mais à ce moment-ci tous n'ont qu'un but, celui de l'anéantissement de la France, sans trop calculer si sa chute ne les entraînerait pas eux-mêmes. *Nous n'avons et ne devons avoir qu'un seul espoir, c'est dans les troubles intérieurs, Charrette et l'horreur que doit inspirer la Convention.* Il paraît que l'on veut faire, à ce moment-ci, quelque chose dans le midi. Il paraît que le foyer est à Lauzanne, chez l'Amb. d'Angleterre. Les chefs sont un nommé Delatour, du salon français, que vous devez bien connaître; un nommé Teissonel, et le fameux Chevalier de Gizer, qui n'étant pas bien avec les Bretons, passe au midi. Ils ont écrit à un de mes amis qui vient de partir pour l'armée de Condé, et de là pour Véronne, de venir les joindre. C'est un nommé Froment, chef du parti catholique.... qui leur a répondu qu'il voulait voir avant de rien entreprendre, et qu'il ne voulait rien faire sans l'autorisation du roi. S'il accepte, nous devons avoir beaucoup d'espérances de ce côté-là. Son opinion sur Pitt est fixée; il ne se trompera pas; j'attends de ses nouvelles, je vous en ferai part; les Lyonnais disent avec raison qu'ils sont malheureux, par l'imprudence des gens qui veulent faire, et ne savent rien faire. Cette race cependant ne vaut pas grand'chose; cela sent *90*, *89* et *28* qui sont peut-être encore de cet avis là. Il n'est pas adroit à *28* d'annoncer son opinion pour les *89; il ne faudrait s'occuper à ce moment-ci que des gens qui ont envie de se battre, royalistes et jacobins. Ce n'est pas que je ne conseille au roi d'accepter la place de maire perpétuel de Paris, pour sortir des mains des puissances, qui ne veulent que notre ruine, et j'aimerais mieux le voir entre les mains des patriotes, qu'en celles des puissances, QUI N'ONT NI FOI NI LOI.* Si *77* est secondé dans son débarquement en la Vendée, qui est sûr, et qu'il ait un peu de succès, *il peut déjouer toute la politique anglaise,* et même les forcer à le secourir. Sous peu, le procès sera entamé, et tout dépend du commencement; il a avec lui *Larosière Chalus* et *Lachapelle. Dautichamp* part demain; mais je crains le petit entourage. *Ne cessez de prêcher pour Charrette; il serait odieux de lui donner un désagrément, et de ne lui pas accorder la plus grande confiance;* j'ai

peine à croire que Charrette se laisse . . . .
par ces petits Messieurs ; il est marin, et par conséquent peu couv. . . . . . . Ami Laqueille doit être
parti pour l'Angleterre, et de-là ; je ne vous parle
de Quiberon. *Le triomphe des constitutionnels n'a pas
été long. Il n'y a qu'un cri contre eux. On vous dira
peut-être un jour que cela était utile pour discréditer
ce parti. Avouez que la politique est aimable.* Dervilli
à ce métier a attrappé un coup de gardache, la haine
des royalistes, et la perte de son régiment, qui est incor-
poré dans la Chatre. Il n'est pas encore mort. Il paraît
sûr que les pgts. anglais de l'expédition de 77, servi-
ront seulement à entretenir la correspondance des royalistes avec la mer. Charrette a gagné son procès, et il a
raison. Il ne manque pas de monde. L'entourage de
28 ne promet pas grand'chose de bon. Vous devez le
connaître. Bonnai a passé hier, il va à Véronne, il se
dit mandé. Il paraît que Castres est le plus fort. Dans
tous ces gens-là, je ne vois pas un homme fort. Je
suis fâché que Bertrand ne soit pas avec 77 ; il a des
moyens et de l'énergie. Jaucourt est aussi avec 28,
mais son rôle n'est pas complet. Mandez-moi tout de
suite si vous avez reçu ma dernière lettre. Vous sentez
combien cela me doit inquiéter. N'oubliez pas le second
dont je vous parlais tant de *jj* que d'une qui m'est
bien due par les enfans-rouges. *Nous sommes ici dans
une crise affreuse.* On ignore si les 75 voudront défendre l'Allemagne qui ne veut pas se défendre. *Dusseldorff
est pris, il est vrai sans coup férir. On ne conçoit
plus rien à tout ce qui se fait, il semble que l'on veut
tout le mal qui arrive.* Nous sommes bien inquiets ici
pour vous. *Nous craignons que le régime de la terreur
ne prenne le dessus.* Rien de positif sur 77 ; on attend
des nouvelles. On ne croit plus à la bonne foi des
81 ; si 80 voulait remuer il a une belle occasion,
dans le passage du Rhin ; son territoire a été violé,
et deux soldats et un officier ont été blessés. *Il paraît
que votre comité avait besoin du passage du Rhin
pour relever ses actions,* et tout de suite les 28 l'ont
aidé, cela est galant.

    28   Véronne faisant de la prose ;
quand fera-t-il autre chose ! Vous parle pas de l'armée
de *jj*, vous devez lesa.

Au Citoyen, le Citoyen BROTTIER (1).

16 septembre 1795 (vieux style).

Je vous prie de remettre la lettre ci-jointe à Philibert.

N.º 29.   VOTRE lettre du 11 août, mon très-cher concitoyen, m'a fait un plaisir extrême, parce que depuis très-longtemps je n'avais point reçu de vos nouvelles ni de celles de nos amis communs. Mes vœux de tous les instans sont pour que vous jouissiez tous d'une parfaite santé, afin que lorsque mes affaires seront terminées, je puisse retrouver dans votre si sincère et si ancienne amitié, ce charme qui m'a rendu le plus heureux des hommes pendant la majeure partie de la vie. Je vous prie de vous dire tous cette vérité que je me répète sans cesse, afin de soutenir le courage dont j'ai besoin pour voir la fin de mes embarras, que sans me flatter je ne crois pas éloignée : en attendant ces heureux momens, je vous souhaite à tous la plus pleine santé, dont je jouis ainsi que tout ce qui m'entoure, et qui se joint à moi pour vous assurer tous de notre éternelle amitié. C'est avec ces sentimens bien véritables que je suis, mon cher concitoyen, tout à vous.

Signé BOVÉS.

Tout bien calculé, nous avons pensé que madame de Geré ne devait venir nous joindre; certainement c'est un grand sacrifice que je fais.... de les savoir bien portantes; quelles aient une espérance certaine et prochaine, que mon ami Delatour a raison de se promener. Nous les reprendrons nos délices et promenades. Je le supplie de jouir de peu ... de ses héritiers; salut à Piercouri, Bachais, Giard, Detains; mais M. Vaillant m'écrit souvent de Londres : mon ami a-t-il quelque chose à lui faire dire! Madame Giroud et mademoiselle Chenard peuvent m'écrire en sûreté à l'adresse suivante,

---

(1) Cette lettre et les deux suivantes sont parvenues au Comité depuis l'arrestation du citoyen Brottier.

Et comme ce citoyen est un des complices de Lemaître, le Comité a cru devoir joindre ces lettres à la correspondance de Lemaître.

et

et je les en prie très-fort. A . . . . négociant,
Monte Fiascone, par Gènes . . . . Gervais
est ici avec nous . . . . on nous a dit que sa
femme avait . . . chez moi la . . . c'est au mieux ;
sa femme ou le petit peuvent lui écrire sous le nom
de Blandin , par Gènes. Grand merci des nouvelles de
Vernicourt ; depuis la promotion il ne m'a pas écrit ;
je ne sais rien de Fontenay ; il y a dix-huit mois qu'il
était bien portant en Hollande ; tendre salut au bon
M. Voisoillé et à sa famille de Boves ; soyez sûr que
Thiebaut est un honnête homme ; je vous demande à
vous être nécessaire. Les tendres assistances pour mon
neveu. La lettre ci-jointe contient les instructions pour
vous faire agir , écrite de la même main que celle-ci.....
Le voyage par Marseille et la mer Noire paraît plus
court et moins coûteux que par la Suisse ; faites-les
partir au plutôt ; il est important qu'il ne reste pas chez
ses sœurs , et qu'il ne leur écrive pas , il y aurait trop
de danger pour lui , et aucune utilité pour . . . .
il serait aisé de mieux observer , et de se rendre plus
utile ; *quel est donc l'esprit public de Paris ! quel effet
y a produit le manifeste du roi ! c'est un vrai chef-
d'œuvre ; et il est bien l'ouvrage du roi.* Dis-moi au
vrai ce que c'est que la Vendée, ce qu'elle fait, ce qu'on
en attend, et quel homme est . . . . . . Dis-moi tout
ce qui intéresse notre pays . . . . (Plusieurs lignes
sont illisibles) . . . . . . Mon frère qui vous salue,
écrit au père Magi à Marseille, afin qu'il procure à
mon neveu un passe-port pour pouvoir s'embarquer, ce
qui ne fera point de difficulté , nous ayant déjà écrit
qu'il en procurera un à Malaret quand il en aura besoin ;
ainsi point d'embarras à craindre: que cet enfant soit
sage , et point curieux dans sa route. Il faut que le père
Magi fasse le prix de son embarquement, et qu'il lui
achète les provisions pour vivre sur mer; qu'il ne se
laisse pas manger aux poissons.

Le 16 Septembre 1795 (vieux style).

JE ne te peindrai pas, mon cher enfant, les transports   N.° 30.
de joie que nous avons éprouvés tous les trois en lisant
ta lettre, ton bon cœur a dû deviner les nôtres ; tu me

D

demandes quel est l'air que je crois le plus propre à rétablir ta santé ; c'est, sans comparaison, celui de Marseille que je préfère pour toi ; rends-toi donc dans cette ville le plutôt possible : en y arrivant, *tu iras loger chez le citoyen Antoine Magi, négociant, rue Libre, ci-devant Sénat, isle 3 n.° 7*, tu as dû le voir chez le citoyen *Malaret* ; cet honnête homme est mon ami intime ; je lui écris afin qu'il te rende tous les services qu'exige ton changement d'air pour rétablir promptement ta santé ; sois-lui soumis en tout comme à moi-même ; je te recommande au voisin et à la voisine ; il ne faut que celle-ci voyage dans cette saison, sa santé n'y résisterait pas ; nous verrons dans la suite à lui prouver notre fidèle amitié, dès que nous le pourrons ; adieu mon cher enfant, nous t'embrassons tous les trois avec la plus vive tendresse......(un paraphe).

Monte fiascone, 16 Septembre 1795.

N.° 31. JE tressaille de joie, mon cher ami ; mais parlons bien vîte d'autre chose : voici ton agenda :

1.° Munis-toi de tout ce qui t'est nécessaire pour voyager avec sûreté, et pars le plutôt possible. On prie les amis de la famille de calculer la dépense que tu as à faire pour te rendre ici par Marseille et par la voie de la mer, et de t'en faire l'avance : ne t'écartes pas des règles de l'économie la plus raisonnable.

2.° Arrivé à Lyon, embarque-toi sur le Rhône, et rends-toi à Avignon par la diligence. « On te défend » absolument de parler du pays ni d'y aller, ni même » écrire que tu pars ; ta présence ou tes lettres te per- » draient et ne serviraient de rien à ta famille : il y va » de tout pour toi ».

« 3.° Ne te fais connaître à personne sur la route, ne » t'arrête dans aucune ville, et fais ton chemin sans » songer à satisfaire ta curiosité ».

« 4.° Si, sans te gêner, tu peux apporter les Élé- » mens de Bezane sur les Mathématiques, et les Élémens » de Littérature du cher Marmontel, en 48, tu nous » feras le plus grand plaisir ; apporte-nous des nou- » velles de ce dernier, si tu le peux sans te compro- » mettre ; mon oncle lui a écrit par le dernier courrier ».

5.º Quand tu seras à Avignon , pars de suite pour Marseille, en passant par Orgon et Aix : on te tracera la route à Paris.

6.º L'abbé Magi se chargera de tout quand tu seras à Marseille ; le premier vaisseau neutre qui partira te portera facilement à Livourne, et encore mieux à Civita-Vechia. Tu trouveras une lettre pour toi en poste restante , si tu y débarques : laisse-toi conduire par M. l'abbé Magi. « Tu pourras te faire connaître par-tout, lorsque » tu seras en Italie , et dire hautement où tu viens ; » ton nom sera la meilleure des recommandations ; sois » sage , prudent, docile , et viens vîte partager mon » bonheur ». La voie que l'on t'indique est la plus sûre, la plus courte et la moins dispendieuse ; en te nommant tu trouverais de l'argent si tu en avais besoin. Je t'embrasse mille et mille fois ; ne t'écarte pas de ces instructions que j'écris sous la dictée de mes chers oncles. Si tu débarques à Civita-Vechia , comme nous t'y engageons , tu auras quatre lieues à faire pour te rendre à Cornetto , tu y demanderas M. Roma chez qui tu logeras ; j'irai t'y chercher à cheval , et nous n'aurons que six lieues à faire pour nous rendre ici. Mon oncle est aussi évêque de Cornetto où il y a un superbe palais. En voilà assez, pars et pars vîte ; tu juges avec quelle tendresse je t'embrasse ; assure de ma respectueuse reconnaissaance Madame Giroux , M. Delatour, les tantes, M. Racine, sans oublier la personne qui te remet cette lettre. Comme je vais compter les minutes jusqu'à ce que je puisse te serrer dans mes bras , sur-tout résiste à la tentation d'écrire, et d'aller à Vauréas ; mes oncles l'exigent absolument , et c'est un sacrifice nécessaire. Arrive promptement , et sur-tout en bonne santé ; je desire bien ardemment que ton voyage soit aussi heureux que le mien , sans être aussi long. Je t'attends avec bien de l'impatience , ainsi que mes chers oncles ; je t'embrasse du fond de mon cœur, ton cher frère ,

Signé MAURI.

Bâle , 30 Fructidor 1795.

VALDENÉ est à Vienne, pour solliciter de la part des Anglais le passage du Rhin. Darlet vous écrit exac-

N.º 32.

D 2

tement, et vous mande tout ; il est fort au courant. Quant
à la politique, elle est impénétrable, on n'en parle que
par conjecture : *écrivez-nous, je vous en prie ; c'est de
vos côtés que viennent les nouvelles intéressantes :* je
vous écrirai dimanche sans faute, si nous ne sommes pas
attaqués, ce qui peut être, d'après des avis.

Mulheim, 18 Septembre 1795.

N.º 33.   NOUS avons reçu votre 9 ; ne vous fâchez pas si je
ne vous écris pas ; c'est parce qu'il n'y a rien de nouveau,
et je ne veux pas vous désespérer, comme nous faisons
ici : *il est clair que l'on ne veut rien faire que de tromper ;*
actuellement l'on dit que l'on ne peut passer le Rhin,
tant que les patriotes seront de ce côté-ci comme ils y
sont, car vous savez qu'ils ont passé le Rhin près de
Dusseldorff, et l'on dit ce matin qu'ils marchent en
avant, et que les Autrichiens se retirent sur la Lahn :
attendez-vous à voir passer l'armée de Pichegru sur ces
côtes, entre Huningue et Manheim ; il y travaille. Au
reste, l'on ne sait rien d'officiel de l'armée patriote qui
a passé à Dusseldorff : on la disait battue ; mais c'est
faux ; Wurmser qui est venu ici il y a deux jours,
ne savait rien de cette partie du bas Rhin ; Clairfait y
est, et Beaulieu marche, dit-on. 77 part pour Fribourg ;
il saura peut-être quelque chose. L'armée autrichienne est
superbe et nombreuse, le soldat parfait, *les généraux et les
officiers presque tous détestables, atroces, oui, c'est le
mot. Cette armée manque absolument de fourrages. Le
peuple de ce pays-ci est Jacobin dans toute l'expression ;
il nous tue des soldats, des gentilshommes à coups de
fusils, il a tué des Autrichiens :* notre recrutement irait
bien, si les voraces Autrichiens ne nous prenaient pas
nos recrues : ils ont pris tout-à-l'heure 7 soldats français qui passaient avec un officier ; il n'y a que l'officier
qui a pu s'échapper ; il vient d'arriver chez 77, qui va
à Fribourg pour en porter plaintes : les Autrichiens envoient
ces hommes sur les frontières de Turquie, ou les reven-
dent. Voilà, mon cher, la vérité ; *l'on ne peut être plus
mistifié que nous ne le sommes,* et je n'y crois rien,
d'après la bonne volonté que l'on a manifestée : s'il y
a deux partis à Vienne, l'un veut la paix et l'autre la

guerre, et cherchent à se culbuter l'un et l'autre : les Anglais nous donnent toujours de quoi nous augmenter ; les chevaux arrivent sans la plus petite lésinerie : si l'on voulait faire la guerre, nous pourrions avoir des moyens respectables ; mais veut-on la faire, pouvez-vous passer le Rhin seuls, à côté de 70 mille Autrichiens qui ne nous laisseraient pas passer ! nous ne demandons pas mieux que d'aller, mais par où ! Le Rhin en face, et le *canton de Bâle, à sa gauche, qui est détestable ;* soyez sûr que 77 calcule tout, et qu'il est las d'être en lizière : nous ne ferons jamais rien avec ces gens-là, sur-tout avec le mauvais esprit qui règne.

Si l'on en croit la gazette de Deux-Ponts, M. le comte d'Artois est passé lui-même, lui onzième, Charette ; cela est démenti l'article après ; tout ce que nous savons de lui de plus positif, c'est qu'il a mandé à 77 qu'il allait s'embarquer et se porter en Bretagne ; 772 doit avoir rejoint, il s'est embarqué le 31. Nous sommes fort noirs ici.

Le 19 Septembre 1795.

Toutes vos lettres me sont parvenues, même celle du 14. *J'avais suivi votre avis pour que lesdits départe-mens - cantons rendissent publics les votes. J'avais écrit et fait écrire pour cela ;* mais j'ai vu avec plaisir dans les papiers d'hier et d'aujourd'hui, que *cette invitation faite par les sections de Paris avait pris,* et que cette mesure avait l'air de vouloir être adoptée. *Le rejet des deux tiers paraît assez général ;* mais il me semble que le Midi ne se conduit pas aussi bien que le reste. J'observe de plus que les villes à parlement se conduisent plus mal que les autres.

Paris tient bon, voilà l'essentiel, et s'il ne mollit pas, c'est un grand point. Je ne vois pas à cet égard ce que nous disent les journalistes, car ils nous assurent aujourd'hui que Paris lâche le pied, qu'il cédera, que les habitans ne vont plus aux sections, qu'enfin elle paierait sans doute son apparence de ténuité.

On sait plus à Pétersbourg ce qui se passe en Allemagne, que nous ne savons ce qui se passe sur le bas Rhin ; les Autrichiens le savent sans doute ; mais

N.° 34.

(54)

je doute et suis même sûr qu'ils n'en font pas part à 77 dont je reçois aujourd'hui une lettre, et qui n'est pas content. *On arrête tout son recrutement d'une manière indécente.* Il est sorti avant-hier, cet officier patriote, emmenant 17 hommes. On a laissé passer l'officier, on a retenu les hommes. *Voilà la bonne foi de l'allié.* On me mande. Ce matin j'ai vu une lettre de Vienne, qui dit que *DD.* s'étant enfin aperçu de la félonie de ce qui compose son conseil, que 7 de ses membres ont été disgraciés comme jacobins de fait et d'opinions. Le ministre de Sardaigne me mande que *les Piémontais ont été battus en deux endroits, et que* pendant l'attaque M. de Vins a resté immobile. *Un corps frais, commandé par des émigrés, et composé de Français, a été écrasé. Toujours même perfidie,* et les républicains sur la rive. *Vale.*

——————

Lettre écrite d'Huningue, le 21 Septembre.

A la citoyenne Dufailly, rue S. Claude au Marais, Pont-aux-Choux, n.° 349.

N.° 35.   POINT de nouvelles de vous depuis trois jours, et je suis inquiet et impatient ; *Paris, d'après les papiers, me paraît aller bien ;* mais le Midi ne l'imite pas. Troies a tout accepté : si cela prend cette tournure, *c'est aux sections à faire un coup de tête, et elles peuvent le faire avec succès ;* Manheim a été sommé de se rendre, les renseignemens que j'ai donnés ont été utiles ; les bourgeois sont mauvais, et c'est sur quoi comptaient les patriotes ; après la sommation, les habitans ont demandé d'envoyer à Munich, pour prendre les ordres de l'électeur, et comme on se méfie d'eux, M. de Clairfait leur a fait signifier que s'ils rendaient la ville il la brûlerait : ce n'est pas cela qu'il faudrait faire, ce serait de faire arrêter cinq ou six chefs que l'on connaît, et de les pendre sur les remparts ; mais ces moyens ne sont pas connus, et s'ils le sont, on n'a pas su encore les exécuter.

Il est arrivé ici un ministre de la Hollande, il y a peu de jours, où un homme à moi arrivant d'Alsace me dérange, je ne sais plus où j'en suis, d'Yriarte à son tour tint le propos qu'avait tenu Hardenberg, qui disait qu'on verrait que le traité de son maître prouverait qu'il ne nous était pas contraire. Le ministre espagnol dit que ceux qui ont blâmé le plus celui de la cour, y trouveront leur salut dans six mois : *tout cela sont des propos d'empyrique, tous leurs remèdes égorgent tout le monde en les appliquant.* Nous ne savons rien du bas Rhin; nous savons seulement qu'on marche au-devant de l'ennemi ; le chassera-t-on au-delà du Rhin ! c'est ce qu'il faut voir ; les Anglais craignent pour leur transport d'argent, ils craignent qu'il ne soit intercepté pour Manheim, et ils vont changer de direction.

Huningue, 22 Septembre 1795.

La dernière lettre est du 18. l'avant-dernière du . . . n.º 17. *Nous tombons de Caribde en Sylla,* Monsieur, et c'est à quoi nous devons nous attendre, malgré les renseignemens précis que j'avais donnés des projets de l'ennemi, de son plan d'attaque sur *Manheim, cela n'a pas empêché qu'il ait été pris par capitulation.* Dimanche 20, les Autrichiens étaient dans la ville, et malgré ce que l'on disait que Clairfait avait signifié aux habitans, *la ville a été rendue après quelques coups de canon tirés pour la forme.* On ne s'était point opposé que les Français eussent pris les îles du Rhin, les Autrichiens avaient retiré depuis plusieurs jours leur artillerie, conséquemment tout cela était prévu, convenu, et de là sûrement la paix de l'Empire. *Mayence sera pris, savoir ce que deviendra la ligne de démarcation. Il est de fait que l'armée autrichienne est coupée,* et que ce n'est plus que par les derrières que l'armée de Clairfait et celle de Wurmser peuvent communiquer. Voilà une partie du plan de Vienne, *le reste sera sans doute la prise de la Bavière.* En attendant nous restons pour rien dans tout ceci, et si l'empereur ne concentre pas toutes ses forces en Brisgaw, *que va devenir l'armée de Condé !* Tout cela peut être fait encore pour mettre des bâtons à la roue, *dans les dispositions des assemblées primaires,* et tout rejette sur les Anglais, qui sont bien lents dans leurs affaires. On me mande de Londres du 1.er, que 29 est bien parti, mais on ne me parle pas de débarquemens.

N.º 36.

Tous les états - majors très - nombreux , et tous les officiers généraux qui doivent aller joindre 29, étaient encore à Souptampton avec lord Moira. Quand en partira - t - il ! car voilà l'équinoxe. Les Anglais ont sûrement découvert une mine où les guinées sont toutes faites. Ils viennent d'accorder un traitement à tous les officiers généraux servant ou non. Les femmes y sont comprises. L'un et l'autre ont 5 schellings par jour , même les femmes veuves depuis dix ans , même celles dont les maris servent en France. Voilà du neuf et du comptant.

VALÉ, S.

Huningue , le 24 septembre 1795. .

N.° 37. `J'AI reçu aujourd'hui votre lettre du 19 , et je suis bien étonné de ce que vous me mandez que vous n'avez pas reçu de nos lettres depuis le 10 septembre. Je vous ai mandé que M. Val. . . . . . avait été envoyé porter des dépêches à Vienne, il est parti il y a douze jours ; moi j'ai écrit les 10 , 13 , 16 , 17 , 19 , 21 , 22 ; d'ailleurs mes lettres sont numérotées, il vous est aisé de voir ce qui manque, je n'ai pas reçu la vôtre du 17 : serait-ce erreur ou infidélité ! vous aurez reçu , j'espère, celle où *je vous mandais la prise de Manheim , sans avoir tiré un coup de canon ;* on n'est pas sans inquiétude sur Brisgaw , et si on passe le Rhin près d'Huningue ou de Strasbourg , ou on fera tout de suite sa retraite, ou il faudra avoir bataille. *Je crois qu'on prendra le parti de la retraite , car je n'imagine pas qu'on veuille se battre ;* si l'empereur avait toute son armée en Brisgauw , il pourrait y résister ; *mais l'armée est coupée* et n'est pas ici sûrement de 40 mille hommes ; on fait déjà des dispositions ; on a ordonné hier à l'armée de Condé de faire porter sur les derrières les gros équipages, et cela se dirige vers la forêt Noire ; les hommes servant dans la cavalerie, non montés, se rapprocheront de Coutances. *Voilà un moment de crise :* M. Crausurd, qui vient d'arriver ici , m'a dit qu'on n'était pas sans inquiétudes , mais qu'il croyait qu'on tiendrait les Brisgaws ; j'ai de la peine à le croire, *si on est vivement attaqué.......à vous, À VOS SECTIONS,*

à 29 et *Charrette à réparer cela, il faut un coup d'éclat,*
QU'IL N'EXISTE PLUS DE CONVENTION;
et cela tient à un vouloir bien prononcé de Paris.
J'attends avec impatience que vous me mandiez quel-
que chose de relatif à cela , car sans cela ; il ne reste
qu'un faible espoir ; je vous souhaite le bon jour ;
mandez-moi comment voulez-vous que je vous envoie
les 1,600 livres pour les cartes et les 100 louis,
espèce, à-peu-près.

D'Huningue le 4.e jour supplémentaire 1795 ,
correspondant au 26 Septembre.

QUAND on aura quelque nouvelle sûre de JJ. on vous
le mandera tout de suite ; il a été droit à Londres où
nous savons qu'il est arrivé en quarante-huit heures.

Tu te moques de moi , mon cher camarade , d'après ce
que j'ai vu par ta lettre du 12 ; sois tranquille , nous aurons notre tour comme l'armée de Kleber , nous passe-
rons ici le Rhin , à ce que l'on espère , nous sommes
tous bien disposés ; il doit nous arriver des troupes d'ici
à peu de temps , à ce que l'on assure , je te manderai ce
que nous ferons ; mais ce qui me fâche fort , c'est de ne
pas avoir le sou pour faire la campagne : vois mon beau-
frère , et tâche qu'il m'envoie quelque chose , entr'autres
trois chemises , s'il le peut , avec deux ou trois paires de
bas , tu me rendras un service d'ami : je suis sûr que
Goujon l'emploiera pour moi, s'il le peut. Tu sais que
nous sommes dans Manheim depuis quelques jours, nous
en attendons des nouvelles ; mes complimens à tous nos
amis , que j'espère embrasser bientôt : adieu mon cher
camarade , je t'embrasse amicalement.

Signé BEZOT, Lt de V.^{res}

Avez-vous reçu 200 liv. que Voldené s'est chargé de
vous faire passer ? De quoi diable me parlez-vous , si
Wurmser est venu voir JJ ! il y est venu , *ils vont très-*
bien ensemble, et dix prisonniers , il en viendra , mais
ce sont des misères à vous dire que tout cela.

Voldené arrive de Vienne, il vous mettra au fait de
bien des choses , à ce que je pense.

N°. 38.

Mulheim, le 28 Septembre 1795.

N.º 39. QUAND je ne vous écris pas, c'est que je n'ai rien à vous mander qui regarde personnellement J.J. ; d'ailleurs d'Artez et Voldené se sont chargés de vous mander toutes les nouvelles, et étant sur les lieux d'où part la poste, vous recevez leurs nouvelles trois ou quatre jours plutôt que les miennes ; la poste ne part pas d'ici tous les jours ; mais criez et vous aurez raison, *vous voyez toutes les sottises que font les Autrichiens ;* s'ils avaient passé le Rhin comme cela était dit et convenu, au commencement de septembre, *les patriotes ne seraient pas maîtres de la rive gauche du Rhin depuis près de Mayence jusqu'à Dusseldorff.* — Les Autrichiens viennent cependant de battre assez proprement les patriotes entre Manheim et Heidelberg. Les patriotes les ont attaqués les 22, 23 et 24. — Les deux premiers jours cela a resté indécis ; mais le 24 le général Hongrois Quosdanowich les a attaqués avec la plus grande valeur dans la position devant Heidelberg, leur a tué mille hommes, fait 250 prisonniers, et pris dix pièces de canon, et suivis jusque sur le glacis de Manheim ; les hussards de Seckzler et les Esclavons ont montré la plus grande valeur. L'affaire a été chaude ; mais qu'est-ce que c'est que cela ! ils se battront tous les jours dans les plaines de Manheim, Heidelberg et Schweilzingen, et les patriotes se retireront sous le canon de Manheim quand ils seront battus, et pousseront en avant quand ils auront le dessus. Quant à Clairfait nous en attendons des nouvelles ; on le croit en retraite sur Aschaffembourg pour défendre le Rhin ; on disait la jonction faite avec la droite de Wurmser, mais j'en doute ; Wurmser est à Offembourg, le général Latour marche sur Manheim pour se joindre au brave Quosdanowich, nous aurons sûrement des nouvelles dans la journée ; quant à JJ. il est concentré avec Mélas en Brisgaw, avec 25 mille hommes. Wurmser ne renonce pas à passer le Rhin ; mais le pourra-t-il à cause de Manheim ! Vous pouvez être sûr que JJ. enrage, *sur-tout voyant que l'intérieur va bien ;* il fait ce qu'il peut, et profitera du premier jour qu'il entreverra, soyez-en sûr et très-sûr : mais comment voulez-vous que nous passions le Rhin à nous seuls, ou que nous passions en Suisse, où le pays est enragé, sur-tout à Bâle où le secrétaire de légation, Bacher, nous fait des horreurs ! Croyez que l'on a autant d'envie d'aller que vous.

Manheim a été vendu, on en accuse le duc de Deux-Ponts : ce pays était détestable. *Nous manquons de foin, d'avoine, de paille, et très-souvent de pain ; mais point d'argent,* les paysans sont très-mauvais ; il y a des magasins énormes à Ulm, Kunsbourg, et derrière le Danube : on dit que cela arrivera, et rien n'arrive. Clairfait et Wurmser auraient passé le Rhin s'ils avaient eu pour cinq jours de vivres d'assurés : *on croit les chefs des vivres vendus aux patriotes,* et c'est aisé à croire. Concevez-vous que les vivres n'ont absolument aucun ordre à prendre du général Autrichien ; ils sont indépendans : quelle bizarrerie ! Vous pouvez être sûr que les Anglais font tout ce qu'ils peuvent pour donner de l'énergie, pour faire aller les Allemands ; en général les officiers Allemands sont jacobins, et les Hongrois parfaits. *La Vendée va bien ! F. y est :* nous ne savons rien de positif de....

Au citoyen FIRMAIN, Limonadier,
   rue Saint-Victor, à Paris.

Le 26 Septembre 1795.

Adresse : A la Citoyenne DUFAILLY, rue S.¹-Claude, au Marais, Pont-aux-Choux, n.° 349, à Paris.

JE reçois en même temps vos deux lettres du 21, et 21 ; elles me mettent du baume dans le sang, et me font espérer que ce que je vous avais mandé dans une de mes premières lettres se réalise : oui, Monsieur, c'est là le seul moyen, et *si Paris veut sentir tous les avantages, SI LES SECTIONS SENTENT qu'elles peuvent devenir le point d'union et d'accord de la France entière, ELLES CONSERVERONT LEUR ATTITUDE RÉSOLUE, et promettront à l'Europe entière, que si elle a voulu tout détruire, tout anéantir en France, si elle a humilié les princes et les nobles, si elle retient encore comme esclaves ses chefs et ses membres, PARIS SEUL PEUT LUI FAIRE SENTIR, malgré son délabrement ;*

N.° 39.

elle peut tout rallier à elle, et tout faire pour lui seul; c'est l'ouvrage de l'amour-propre, et ce remède ne doit pas être dédaigné, *et une fois les têtes montées, il y a de l'écho dans les départemens; alors l'empereur, AVEC SA CONDUITE TRAÎTRESSE ET TRANCHANTE, restera avec un pied de nez,* mais il se vengera sur la rivière; c'est à quoi il vise; je ne cesse de dire aux Anglais que je vois que c'est au plus fin la guirlande, et qu'il dépend encore de l'Angleterre, si elle veut être franche, *de déjouer Vienne, qui trompe et trahit;* ils ne voient rien ou ont l'air de ne le voir; c'est ce que me disait hier M. Vaususd; mais je n'en suis pas dupe, Wurmser quitte Fribourg, il a été à Ossembourg avec 30 ou 35 mille hommes; il restera en Brawsg à-peu-près 25 mille hommes; tous les gros équipages ont eu ordre de partir; ceux du comte sont partis hier; c'est une sage précaution en cas d'attaque; mais je crois, moi, que c'est pour faire retraite. Le combat de Dusseldorff est un conte; les *Autrichiens* ont pris des positions derrière la Lahn, et à *moins d'y être forcés, ils ne se battront pas.* Tout ce qu'on fait pour gêner le recrutement est incroyable; malgré cela, hier on a envoyé 80 hommes : donnez-moi des nouvelles de M. il s'est embarqué le 30, avec un vent excellent, s'il est arrivé à Londres le 4 !

28 Septembre 1795.

N.° 40. JE suis revenu hier, Monsieur, de ma course légère, vous voyez que je suis expéditif. J'ai trouvé ici à mon arrivée plusieurs lettres pour vous, de Pierre Rfeu, de M. le comte Dau, de Vauhuer, et une petite pour Joséphine, du marquis de Laqueille, qui doit être parti pour rejoindre 29. J'ai arrangé toutes ces lettres de mon mieux, et vous devez les recevoir toutes en même temps que celle-ci. Vous allez sans doute dire que je suis bien laconique; mais pour cette fois vous m'excuserez, car j'ai trouvé hier en arrivant à peu-près quarante lettres auxquelles il faut que je fasse honneur, sans le courant pendant mon absence. J'ai vu avant hier 77 et le chevalier de Conti; ce dernier crie aussi après vous de ce que vous criez.

Excusez donc pour aujourd'hui ; nous avons reçu, il y a deux heures, votre lettre du 24.

Demain vous aurez un poulet de *Soyer* cadet, il a reçu votre lettre du 22.

Nous vous prions, dans le cas où *Bayard* vous aurait engagé à lui écrire, de n'en rien faire. *Soyer* vous en dira les raisons. *Vale*.

Ainsi vous devez recevoir ensemble cinq lettres, dont deux à l'adresse de

---

Ce 28 Septembre 1795.

Oui ſassurément, Monsieur, je me rappelle par- **N.° 41.** faitement les différentes sommes qui me sont parvenues par vos mains, et qui ont été employées selon vos vues ; j'ai reçu inclus dans votre lettre les 10,000 liv. en billets de 2,000 liv., et j'agirai conformément à vos intentions. Je vous en fais, *au nom de la religion,* les plus sincères remerciemens, en attendant que les circonstances me mettent à même de les faire de vive voix. J'espère, et j'espère fermement que ce jour viendra pour notre consolation réciproque.

Je suis, Monsieur, avec respect, votre très-humble et obéissant serviteur. *Signé* MAYNAUD PANCEMONT, curé de Saint-Sulpice.

Ce 29 Septembre, jour de Saint-Michel. (1)

Je n'ai rien de plus pressé que de travailler à la **N.e 42.** santé de mon hôte dont la tête est toujours dans le plus grand désordre, *relativement à l'attente de la ré-surrection ;* il est bien un jour, et puis les réflexions noires viennent troubler ce qui avait été rétabli. L'impatience est son accès, et quand il arrive quelque chose semblable à votre dernière, alors la machine se replace sur son axe, et voilà toute la machine détraquée. Je crois

---

(1) Cette lettre ne vient pas de Bâle, mais de Magny près Mantes. Elle est adressée à *Lemaître,* qui l'a reconnue comme venant de chez lui.

De même des lettres sous le n.° 43.

entrevoir que le regret de s'être trop pressé pour la vente de son domaine, est la cause de tout ceci. Il est comme un fébricitant que le quinquina soulage, mais ne guérit pas radicalement. Je ne me propose que de calmer les accès ; car pour la guérison radicale *ce ne pourra être que le grand accord qui s'opère en Vendée,* etc. Pour cela, j'aurais besoin de votre secours, et ce serait un bien grand plaisir à faire que de transmettre, s'il n'y avait pas d'imprudence à en faire la demande, toutes les vingt-quatre heures, pour ne pas dire tous les jours. Il a fait partir hier 50 livres de farine que vous devez avoir reçue lorsque celle-ci vous parviendra.

Il paraît que Véronique s'ennuie fortement de ne pas aller occuper le poste que vous lui destinez auprès de Madame, à laquelle je vous prie de faire agréer mes respectueux hommages.

On vient d'écrire à la Roche pour Ratel, et la lettre le presse à hâter l'entrevue : nous verrons s'il est docile aux invitations.

Nous n'avons *encore rien de positif sur Rouen,* on a écrit pour cela. En attendant, *je suis à la quête pour Dreux* où je ne désespère pas de trouver un homme tel que nous le desirons.

Agréez que je me dise V.

72, Magny. Au citoyen L E M A Î T R E,
en son logis, rue Sainte-Croix de la
Bretonnerie, n.° 60, à Paris.

N.° 43.   J'AI été hier à la Roche *pour trouver Ratel,* et conférer avec lui sur l'objet pour lequel votre dernière était dirigée. Il était parti pour Mantes, où il avait été mandé la veille par les électeurs : on m'a promis qu'il serait instruit de ma visite, et qu'il viendrait nous voir aussitôt. Je n'ai pu me souvenir du nom de l'autre réfugié dans ce pays-là, et qui est de votre connaissance et de la sienne : je vous prierais de m'en dire le nom à votre première de demain, sur-tout *ayez soin de mieux vous fournir de l'encre blanche,* car il nous a été impossible de rien découvrir de ce qui était écrit ; aussi notre homme a-t-il juré, mais énergiquement ; c'est une manière qui lui est nécessaire dans ce moment, sur-tout où il est en compagnie de celui qui est possesseur de son domaine, et avec lequel il va s'arranger, au moins pour la location de la maison. Il n'a pas été possible de rien déchiffrer, ainsi c'est un ordinaire perdu, à moins que s'il y a quelque traits saillans, vous n'ayez la complaisance de les rappeller dans votre billet de demain; s'il y a encore quelques affiches sur *Tallien*, je vous prie d'en envoyer pour les distribuer au canton.

Au moment de cacheter cette présente, nous en recevons une *de la façon de Ratel*, par laquelle il nous mande qu'il part mercredi ou jeudi pour Paris, pour y porter encore un plat de sa façon, ainsi vous le verrez avant nous.

Au Citoyen LEMAÎTRE, rue Croix de la Bretonnerie, n.º 60, à Paris.

Le 30 Septembre 1795.

N.º 20. Si votre lettre du 25 est réellement l'état du jour, nous sommes trop heureux, sans doute, et notre confiance doit renaître.

L'Angleterre, il est certain, *doit voir clairement la perfidie du cabinet autrichien;* c'est ce que je prêche sans cesse pour déterminer Saint-James à se prononcer franchement : pour cela il faut rompre la glace. Que Pitt se mette à découvert, qu'on reconnaisse sans calcul *49;* et une fois *29* en mesure, *l'opinion étant bien prononcée, LES SECTIONS AYANT INSPIRÉ LA CONFIANCE, et dirigeant à son gré, le roi peut se montrer et aller rejoindre Charrette. La position de Véronne est excellente pour cela; rien ne barre le passage,* au lieu que par-tout ailleurs l'empereur se trouve sur le chemin, *et je me méfie de son allure. Sa conduite, dans ce moment-ci, est traîtresse sûrement,* et on n'a pas voulu le voir depuis deux mois; il était pourtant clair, comme je l'ai dit et écrit souvent, qu'une armée qui n'a point formé de magasins, ne doit pas avoir formé le projet de faire une guerre active. On a voulu abandonner l'Empire; on a voulu lui laisser la honte de faire la paix , *et l'empereur ayant l'air de prendre de l'humeur de cela, s'emparera de la Bavière*, s'il n'y trouve point d'opposition de la part de la Prusse et de la Russie. Il se peut que le système de cette dernière puissance ait changé depuis le partage de la Pologne ; mais je suis sûr qu'en 1793 on n'entendait pas, à Pétersbourg, de cette oreille-là. En Italie, on aura le même calcul ; et Vienne voyant qu'il est enfilé, que son plan de délabrement de la France n'a pas pu réussir, on cherchera des dédommagemens ailleurs ; et l'on voudrait bien , si cela était possible, faire un coup de main sur Gênes ; mais on se contentera, pour le moment, de Savonne. Un autre dédommagement éventuel serait encore celui d'avoir à sa disposition *madame Royale ; et c'est AUX SECTIONS DE PARIS, à la France entière à juger le coup , et à ne pas se laisser dessaisir du reste infortuné de la famille.* C'est toujours l'amour-propre , ce sentiment par lequel les hommes sont susceptibles de tout, qu'il faut exciter ; et il me semble que *si les deux tiers ne sont pas conservés, à quoi bon rappeler des hommes qu'on n'estime point*, et d'en faire la compensation humiliante pour tous ceux qui y prêteraient les mains ! Il est inutile, je crois, de souffler cette idée : on l'a déjà sentie , *et les sections seules peuvent déjouer le projet. Lacretelle*, dit-on, mène la section *Lepelletier ;* c'est-là, ce me semble, la compagnie de grenadiers : le connaissez-vous ! quelle est son opinion ! est-il royaliste ! pourrait-on se mettre en rapport avec lui ! Votre opinion sur cela. On se félicite bien à Véronne de n'être-pas venu ici. J'avais bien flairé la chose, me disait le comte Davarcy, arrivé hier de Véronne, et allant passer quelques jours à l'armée de Condé ; il a passé ici, parce qu'il avait à me parler. On voit avec peine, là bas, qu'on y passera l'hiver. Je serais bien fâché que le jeune Boyart dît à M. Wickham qu'il vous a vu, et sur-tout que vous correspondez avec moi. Je n'ai pas voulu dire votre nom, et j'espère que vous n'écrirez pas au jeune homme, pour éviter la confrontation des écritures. Le jeune homme est, je crois, prudent ; et si M. de Va. m'avait dit qu'il vous l'avait adressé, je vous aurais écrit sur cela , et vous l'auriez soutenu plus à votre aise. Qu'est-il allé faire auprès de vous ! VALE.

Ce

Ce 2 Octobre.

Au citoyen LEMAÎTRE , rue Croix-de-la-
Bretonnerie , n.° 60 (1).

NOUS n'avons pu voir encore *le citoyen Ratel*, quoique N.° 45.
requis deux fois de venir ici recevoir le témoignage de
votre amitié et de votre souvenir. Il nous mandait hier
soir qu'il ne pouvait pas trouver un cheval à la Roche,
parce que les vendanges les occupent tous. De cette affaire
je compte y aller demain matin, et je lui donnerai les
détails que vous nous avez transmis aujourd'hui, qui
lui feront voir la nécessité *de s'échauffer avec ses corres-
pondances,* et à quoi il ne se refusera pas. j'en suis sûr
à l'avance. On vient de commander le départ des gendarmes qui étaient logés dans cette petite ville ; ils ont
reçu l'ordre cette nuit, et sont partis précipitamment
pour Pontoise , et de là en avant sur Paris. Ce sont des
gens qui ont l'air propre aux coups de poings , et qui
sont presque tous Gascons et de la Garonne. Vous
savez que ces gens-là ont plus d'aptitude que personne
pour faire les coupe-jarrets. Quand ils seront partis,
nous saurons d'où sont émanés les ordres. La tête de
mon hôte prend une autre tournure , depuis qu'il est
convenu que cela va aller.

Lettre d'Huningue , le 3 Octobre 1795.

VOTRE lettre du sextidi est arrivée hier, et celles N.° 46.
du 26 et du 27 tout ensemble. La veille j'ai rempli vos
intentions. J'ai écrit aujourd'hui à *49*, et lui ait fait passer
vos détails. Il est bien clair que les armées sont en
présence , et on doit s'attendre d'un moment à l'autre
à les voir agir ; *tout s'annonce pour donner l'avantage aux sections, et quelle force n'auront-elles pas ,
aidées de l'opinion , de la coalition , de la majorité
des départemens et du vœu de l'armée* qui paraît décidément pour elles. J'ai vu hier un M. arrivant de

---

(1) Cette lettre fait aussi partie de la correspondance de
Magny près Mantes.

E

Paris. Cet homme paraît avoir bien vu, *ses rapports sont à peu-près ce que vous m'avez mandé*; *il dit la Convention perdue dans le mépris, l'inconsidération, &c.*; *il dit qu'il y a bien des partis, que tous se croisent*; *que le duc de Chartres en a un très-fort, mais que en masse tout est républicain.* Je n'ai pu être de son avis d'après ce qu'il m'a dit lui-même. Il convient que *toutes les sections sont menées* par dix ou douze personnes; mais que *les principaux sont Laharpe, Lacretelle et Richer Serizy.* Mais comment, lui ai-je dit, tout cela serait-il possible! Car nous croyons, nous, que ces trois chefs ne sont pas républicains; et ne l'étant pas, comment pourraient-ils mener ceux qui le sont! On ne rappellera pas un roi, dit-il, à moins que Charrette ne paraisse avec vigueur, avec Monsieur. Il faut croire qu'il est débarqué. Quand à son fils, il est à Londres, logé chez lord Moira; le duc de Bourbon est aussi encore à Londres, et pour sûr il y était le 9. Lord Moira a donné sa démission, il a été trompé; et les troupes destinées à l'embarquement vont aux colonies. Il y a seulement avec Monsieur, de trois à quatre mille émigrés, quatre mille anglais, mais qui peut-être ne débarqueront pas, parce qu'il paraît clair que Charrette n'en veut point; il demandait seulement un prince, des officiers, des munitions, des subsistances, &c. mais pour des hommes il en a autant qu'il en veut; cela n'étonne pas du tout, *car il n'aime pas l'Angleterre, il s'est bien expliqué sur cela.* Les Français se remuent fort depuis trois jours sur le haut Rhin; ils descendent le fleuve, dégarnissent le Porentruy, n'ont laissé que des détachemens au camp près d'ici, et tout cela se porte sur Manheim, ou plutôt, à mon avis, du côté de Strasbourg, pour y tenter un passage; nous verrons par-là si on est convenu de défendre ou d'abandonner aussi le Brisgauw.

Tout cela a mis l'armée de 77 mal à son aise, puisque les gros équipages sont partis depuis dix ou onze jours, et que dans ce moment-ci nous avons la pluie. Ce Monsieur arrivé hier et qui part aujourd'hui pour 77, me *disait que 77 avait un parti considérable qui le portait au trône, qu'on ne parlait pas du tout des véritables, parce qu'on craignait toujours leur vengeance.*

Cet homme a de l'esprit, mais un peu exagéré. Il a déjà été à l'armée de *77, c'est un M. Bailly, je le crois avocat.*

S'il était sûr que ce fussent les trois personnages que je vous ai nommés qui mènent les sections, et qu'on fût sûr qu'ils travaillent dans notre sens, n'y aurait-il pas moyen de s'en rapprocher, et de les engager de se mettre en rapport avec 49 ! Bâle pourrait être le point intermédiaire, soit pour demander, soit pour répondre; et s'ils étaient franchement pour nous, qu'ils en donnassent l'assurance, qu'ils fussent bien aises d'avoir un mot du roi, bien décidés à le servir, je pourrais le demander; mais pour cela, il faudrait qu'un d'eux m'écrive quelle est sa profession de foi.

Pesez cela; vous seul pouvez apprécier l'utilité de la chose ainsi que sa possibilité. D'Yriarte est bien malade, il a l'air, après avoir fait la paix avec la République, de vouloir aussi l'aller faire dans l'autre monde; ce n'est pas une grande perte. Les Français sont toujours du côté de Francfort, quoique Francfort fût garanti de toutes les manières par le roi de Prusse, qu'il y eût ses troupes dedans, les Français s'en sont encore approchés jusqu'aux portes; là ils font sommer la ville d'avoir à leur fournir cinquante mille miches de pain, à douze kreutzes la miche, quoiqu'il se vende trente. Les Prussiens ont souffert cette audace, et le pain a été fourni.

Il y a une chose bien extraordinaire : l'empereur a écrit à la diète de Ratisbonne, pour lui demander comment serait puni le prince de Hesse-Cassel, pour avoir fait sa paix particulière. Vous conviendrez que cela est étonnant, lorsque lui-même abandonne l'empire d'une manière aussi indécente. On me mande de Dusseldorff, qu'il est honteux de voir l'indifférence avec laquelle les Autrichiens ont laissé passer les patriotes. *Vale.* Cranfued entre chez moi.

Ce 8 Octobre (1).

Nous avons été dans la plus grande surprise d'apprendre *le peu de succès dans la tentative parisienne;*

N.º 47.

---

(1) Autre lettre de la correspondance de Magny.

E 2

cependant à bien considérer les choses, je dirai en mon particulier, qu'on ne devait pas s'attendre à autre chose qu'à ce qui est arrivé ; il y a trop de décousu dans cette grande ville pour espérer un ensemble convenable ; _ cette ville, comme je vous l'ai dit bien des fois, est trop grande de moitié pour toute sorte de raison, et on travaille encore à l'agrandir ; de plus il y a trop de gens ineptes qui veulent se mêler de gouverner. Voilà une fiere leçon qui ne corrigera pas, j'en suis sûr. Il est singulier que vous nous vouliez rendre responsables *de ce que nous ne vous disions rien de Chartres et de Dreux ;* nous sommes plus éloignés de ces deux villes que vous, et je suis encore à trouver quelque moyen de correspondance. *Ratel doit être parti hier de chez lui pour se rendre auprès de vous ;* il ne sera pas trop prudent qu'il se montre dans cette grande ville, au reste il sera instruit à propos. Mon hôte est comme un enragé de cette fourvoisie, il peste comme un enragé, *qui veulent faire des attaques sans poudre et sans plomb.* Je suppose qu'ils ne voulaient faire que semblant de faire peur, mais ils avaient à faire à des gens plus fins qu'eux. Comme ceci va devenir des plus sérieux, nous attendons tous les jours de vos nouvelles pour nous mettre au courant. Dans cette espérance, VALE.

Au citoyen LEMAÎTRE, en son logis,
rue Sainte-Croix de la Bretonnerie,
n.° 60, à Paris.

Au citoyen LEMAÎTRE, rue Sainte-Croix de la Bretonnerie, n.° 60, à Paris.

Sans date et sans timbre.

N.° 48.   JE vous disais hier que j'avais été à la Roche sans trouver mon homme ; je vous disais de plus, qu'il devait partir mercredi prochain pour la grande ville, ainsi vous serez à portée de vous arraisonner avec lui sur l'objet de son voyage, qui paraît être une suite nécessaire de celui qu'il a fait à Nantes, en tous cas vous pourrez lui demander *des moyens pour Dreux,* quoique toutes mes tentatives se trouvent réduites à zéro ; mais il est une occasion de servir la chose publique ; je vous dirai qu'on demande des secours, des connaissances à Orléans ; le ventriloque que j'y ai fait parvenir et le dernier mot aux Parisiens, ont fait un tel effet au Martrois, qui est le lieu de la bourse de ce pays-là, *qu'ils m'ont fait part de leurs dispositions pour des secours pour Paris, s'il est nécessaire ;* mais aussi des lumières, parce qu'ils sont absolument neufs. *Ils ont commencé par envoyer une députation aux sections de Paris,* et si vous avez et connaissez quelque chose de frappant et de déterminant pour eux, de ne pas manquer à les faire parvenir tout de suite, à l'adresse du citoyen *Brierre,* inspecteur des étapes, rue Bourdon............à Orléans, n.° 9. Si M. *Sourdat* a des nouveaux n.ᵒˢ de ventriloque, cela fera des merveilles ; il n'y a pas de temps à perdre, le gendarme pourra porter le paquet à la diligence qui est contre le Luxembourg. Salut.

Ne nous condamnez pas sans nous entendre. Depuis mon arrivée je suis en quête, je ne puis rien découvrir qui soit bon ; pensez que nous sommes plus éloignés que vous de cet endroit ; *Ratel* que vous verrez vous en dira peut-être plus ; cependant je ne désespère pas encore.

Ce 11 Octobre 1795.

Au citoyen LEMAÎTRE, rue Sainte - Croix-de-la-Bretonnerie, n.° 60, à Paris.

TOUT est toujours ici dans une situation perplexe, N.° 49. en raison du renchérissement des denrées. Hier, jour de marché, les œufs ont monté à 30 livres le quarteron, les fruits de même. Une pomme, quoiqu'il y en ait à tout rompre, a été vendue 22 sous, quoiqu'elle ne fût pas encore des plus belles. La viande de boucherie 15 l. avec menace de l'augmentation prochaine. Voilà où on est, et on ne fait que murmurer, sans voir rien se préparer pour la délivrance. Le peuple est peuple ici comme à Paris. Il souffre avec patience et c'est tout. *Je ne sais quand le désespoir viendra ; cela serait pourtant bien nécessaire. En l'attendant, Salut.*

E 3

Au citoyen LEMAÎTRE, rue Sainte - Croix-de-la-Bretonnerie, n.° 60, à Paris (1).

N.° 50. VOTRE dernière, reçue aujourd'hui 11 octobre, arrive précisément le jour du départ des électeurs du canton. *On a eu assez de temps pour en voir un et deux à qui on a fait la bouche, conformément à votre réflexion. Ils ont senti et promis, mais tiendront-ils ?* Il est fâcheux de ne pouvoir s'aboucher avec Ratel. On ne l'a pu voir. Il a toujours été par voies et chemins, sans paraître dans ce pays, et nous n'avons pas plus de communication avec Laroche que vous; d'ailleurs je n'ai personne à mes ordres pour envoyer dans ce pays-là. Cependant je veux risquer à lui écrire par l'entremise de son ami Lambert, et nous ne savons si cela réussira. Il a dû rejoindre Barail à Nantes, et aller ensemble à Versailles par la voie de la galiote. Voilà tout ce que je puis vous dire pour le moment. Portez-vous bien.

Zug, ce 10 Octobre 1795. Vive la Nation (2)!

N.° 51. J'AI écrit par le même courrier les nouvelles à Sion, mais ceci est trop intéressant pour le confier à d'autres, *et pour que d'autres que LETRAÎME le lise* (3). Il s'agit de répondre à ses billets du 18 et du 21 septembre, que j'ai envoyés sur-le-champ, par mon serviteur, à *49.* Il s'agit des communications que l'on a maintenant à me faire au sujet des dispositions d'une partie de l'amnistie. Pour revenir à *49, je ne crois pas que le roi puisse, par un acte public, c'est-à-dire par une nouvelle déclaration, pardonner aux juges qui ont voté la mort du roi,* mais le roi regarde comme une chose très-différente de cette déclaration, le pardon à accorder à ceux qui ayant commis ce crime, rendraient de si grands services, que ce serait à leurs forces et à leurs actions que le roi devrait le rétablissement de la monarchie : en

---

(1) Autre lettre de la correspondance de Magny.

(2) Cette lettre a été saisie depuis l'arrestation de Lemaître, et même sa traduction au Conseil militaire, séant à la Section Lepelletier, chargé de le juger.

(3) *Letraîme* est l'anagramme de *Lemaître.*

ce cas on aurait bien des moyens dont on pourrait convenir pour assurer l'existence de ceux qui auraient rendu
un pareil service, et je ne crois pas que personne désap-
prouvât le roi en cela, ce ne serait pas moi au moins;
mais vous sentez que pour pareille chose, il faut des
faits, même pour la justification du roi, et des faits tels
que la grandeur du service fût à la fois la .... et
l'excuse du roi.

Je ne suis nullement étonné que *Cambacérès* soit du
nombre de ceux qui voudraient le retour de la royauté.
Je le connais, et l'ai vu souvent. C'est un homme de
beaucoup d'esprit, et si quelque chose m'a étonné de
lui, ç'a été de le voir s'asservir à obéir à gens, qu'en
tout autre temps que celui où les passions aveuglent,
il eût voulu et aurait en effet commandé. Mais en même-
temps que le roi desire que vous écoutiez et mainteniez
des propositions sur les demandes qui peuvent vous être
faites, sa majesté croit qu'il ne doit pas échapper à votre
sagacité que ces nouvelles négociations peuvent fort bien
avoir pour objet d'allanguir par lui-même les efforts que
va faire monsieur, et sa majesté britannique, où sous ces
rapports les vues cachées n'auraient aucun succès, car le
roi n'a recommandé rien tant à monsieur, que d'aller
en avant, de seconder le zèle de ses sujets, et de
n'entendre aucune négociation. La conduite de *Tallien*
à Quiberon a prouvé quelle foi on doit leur accorder.

*Ainsi l'effet de toute négociation ne sera jamais d'ar-
rêter ni ralentir un seul moment ce qui se passe en
Vendée, le roi le leur enjoint expressément, impérieu-
sement et absolument.*

Il y a dans le comité de salut public un homme dont
l'obstination dans le crime me parait le premier des
prodiges, c'est *Gamon*. Ce *Gamon* me doit tout : son
père était la créature du mien, qui de l'état le plus
pauvre le mit où il est; c'est moi qui ai fait élever le
fils à qui j'avais vu de l'esprit et des talens. Ses erreurs
m'ont paru le phénomène de la révolution, et il m'est
impossible de le croire sans remords, et de n'avoir pas
peine à le sauver; s'il m'en donne les moyens, je le
ferai : mais qu'en pensez-vous ! Adieu, cher *Letraîme* (1).

---

1) Cette lettre a été écrite par le ci-devant comté d'En-
(ues ex-constituant.

N.° 52. JE ne pourrais me marier ici, et vous sentez que cela me ferait un grand tort. Je ne puis pas vous dire si je fais une bonne affaire, et si la demoiselle prendra confiance en moi, vous sentez qu'il n'y a que le temps qui peut la donner. Ainsi il faut (1) [q]6, [u]3, [e]11, [v]23, [o]15, [a]3, [s]16, [m]5, [a]7, [n]12, [d]8, [i]17, [e]11, [a]7, jj. Qu'il est impossible que, devant me marier sous peu, je puisse lui rendre ce que je lui dois, il faut attendre que je touche sa dot ; et quand je serai un peu plus à mon aise, je me liquiderai vis-à-vis de tous, ainsi que vis-à-vis 28, à qui je compte aussi faire part de mon futur mariage. Vous voyez ma position, mon ami, ainsi obtenez en outre que je ne rende compte complet que quand j'aurai gagné un peu, quand je pourrai m'acquitter de quelque chose, sur-tout en bonnes étoffes, je le ferai avec joie ; car vous savez que j'aime à payer ; j'espère que vous obtiendrez ce que je demande ; et la maison ne devant perdre qu'un modique intérêt du moment, se fera un plaisir de m'accorder tout le temps nécessaire, et aura égard à votre recommandation ; si elle risquait quelque chose, je ne vous le proposerais pas. On ne me confie point de fonds, on me donne seulement de quoi en acquérir, ce qui me mettra à même de m'acquitter. Si vous croyez que je ne doive point suivre ce genre de commerce, quoiqu'il ait profité à un autre, je le quitterai tout de suite ; mais j'espère que vous m'aiderez à en entre-

prendre un autre (2) [s]16, [i]17, [p]18, [o]15, [r]3, [r][u]23, [z][i]17, [e]11, [r]19, [m]5, [o]15, [b]10, [t]24, [e]11, [n]12, [i]17, [r]19, 21, [x]2, [p]18, [a]7, [r]9, [m]5, [o]15, [i]17, [s]16, [p]18, [o]15, [u]3, [u]3, [r]9, [p]18, [a]7, [i]17, [r]9, [l]14, [e]11, [s]16, [p]18, [o]15, [r]9, [t]24, [s]16, [d]8, [e]11, [l]14, [e]11, [s]16, [t]24, [t]24, [r]9, [r]9,

---

(1) Que vous mandiez à.

(2) Si pouviez m'obtenir...... par mois pour payer les ports de lettres, vous m'obligeriez.

e   s   v   o   u   s   m   o   b   l   i
11, 16, 23, 15, 3, 16, 5, 15, 10, 14, 17,
g   e   r   i   e   z
4, 11, 9, 17, 11, 19, et vous devez en sentir la
nécessité; tous les jours on place plus mal un secours,
et vous connaissez en partie mes charges, et réellement
on pourrait me charger de quelque chose qui ferait que
je gagnerais mon argent. Si cependant cela vous ré-
pugne à demander, regardez cela comme non avenu,
et ne vous occupez que du premier objet; mais au moins
                                                             s'   a   c   q   u
écrivez au commis ave, de (1) 16, 7, 1, 6, 3,
i   t   e   r   v   i   s   a   v   i   s
17, 24, 11, 9, 23, 17, 16, 7, 23, 17, 16,
d   e   m   o   i   d   e   n   i   o   u   i
8, 11, 5, 15, 17, 8, 11, 12, 14, 15, 3, 17,
s   q   u   e   j   a   i   a   v   a   n   c
16, 6, 3, 11, 25, 7, 17, 7, 23, 7, 12, 1,
e   p   o   u   r   l   u   i   a   u   x   e
11, 18, 15, 3, 9, 14, 3, 17, 7, 3, 2, 11,
n   f   a   n   t   s   r   o   u   g   e   s
12, 20, 7, 12, 24, 16, 9, 15, 3, 4, 11, 16.
Vous devez vous rappeler de cela, le refus que l'on
me fit, et la promesse que vous me fîtes de vous
intéresser pour moi, quand l'occasion s'en présenterait:
et la voilà toute trouvée, et il peut sûrement le faire;
il n'y a que la mauvaise volonté qui pourrait l'empêcher;
je vous l'avais demandé dans plusieurs lettres (2).

Huningue. Au citoyen
    rue Bourtibourg au Marais,
    n.° 9, ou 1930, à Paris.

N.° 53.

Il est aisé de se plaindre des gens et de leur trouver
des torts, et vous m'accusez bien injustement. En vous
disant que je n'ai reçu aucune lettre de vous, depuis
le 22 de mai (et encore ne m'est-elle parvenue que

------

(1) L'acquitter vis-à-vis de moi de . . . . . louis que j'ai
avancés pour lui aux Enfans-Rouges.

(2) Ainsi déchiffré et trouvé par le calcul et la combinaison
des chiffres, par le soussigné employé au comité de Salut public,
section des relations extérieures. Ce 5 brumaire, an quatrième
de la République française. SIMON.

le 15 août), je vous dis l'exacte vérité. Comment vouliez-vous que je vous donnasse des commissions, ne recevant pas de réponse ! *Maintenant que j'ai un correspondant à Bâle, tout m'arrivera comme aux autres,* et je pourrai faire tout ce que vous m'ordonnerez ; si je n'avais pas appris. que la destination que je m'étais donnée moi-même, était remplie, j'aurais continué, et sûrement j'aurais fait mes emplètes dans la maison *j j* et j'aurais pu porter mes échantillons en Suisse ; mais la vie est si chère, qu'à moins de trouver un gain honnête, il n'est pas possible d'y tenir. Vous, me mandez que je me fais tort par ma manière de voir et de procéder dans le commerce. Vous devez vous rappeler nos disputes sur la maison *j j*, parce que vous croyez que cela va mieux qu'ailleurs ; mais cela est tout de même, ils font crédit à des gens qui ne le méritent pas, et celui qui se présente le dernier a l'avantage.

Je croyais avoir un peu mérité de la maison *j j*, on pouvait par vous savoir ce que je pouvais faire et le degré de confiance et de crédit qu'on pouvait m'accorder ; cependant je n'ai rien eu de ce côté-là, et la démarche dont je vous priais vis-à-vis la maison *j j* en est bien la preuve, et votre commissionnaire près d'Arc, n'a que du plat, de la langue et pas autre chose ; quand un jour vous le mettrez complètement à l'épreuve, vous jugerez si je me suis trompé, et s'il est en état de bien remplir vos commissions. Eh bien, mon ami, vous me mandez de me remuer, je ne demande pas mieux, et j'y mettrai l'esprit de suite que vous me connaissez ; mais fournissez-moi l'occasion, et je suis prêt. Si vous n'exigez de moi que de faire vos commissions comme auparavant, je le ferai fort exactement ; mais je crois que vous pourriez m'occuper plus utilement, et si vous vouliez écrire à la maison *j j*, vous pourriez me faire employer utilement. Vous devez savoir le genre qui me convient, je ne puis plus courir les campagnes et les châteaux pour offrir ma marchandise ; ma dernière maladie m'en a ôté la force, d'autant qu'il faut avoir de bonnes épaules : mais cette maison a d'autres emplois aussi lucratifs, et qui ne demandent pas une activité aussi forte. J'ai bien encore quelques fonds ; mais les deux dernières foires m'ont mis à bas ; votre lettre m'a fait de la peine ; vous semblez me reprocher mon inactivité, et cependant je ne demande qu'à être actif, et j'ai encore sous les yeux une lettre du commissaire d'Arc qui me mandait que ma bonne volonté pour le voyage de Suisse était inutile, la place étant remplie ; mais il n'a pas pensé à me placer ailleurs, et la maison *jj* emploie des sujets que j'ai vus, et qui se connaissent peu en valeur de marchandises. Ainsi, mon ami, mon activité dépend de vous ; mais indiquez-moi le genre que vous voulez que j'embrasse, et je suivrai aveuglément tout ce que vous me direz, et si je suis inactif ce sera votre faute ; car j'ai la meilleure volonté.

Pour me tirer de l'apathie que vous me supposez, voilà ce que je viens d'entreprendre. Voyez si vous m'approuvez. Si vous voulez que je continue, et si vous pouvez engager la maison *jj* à me seconder et à me donner du crédit ; c'est-à-dire à faire le possible pour me garantir des accidens sérieux qui peuvent arriver dans ce genre de commerce, qui entraîne avec lui beaucoup d'avaries, et des pertes de boutiques ; mais on gagne souvent à proportion. Il faut cependant prendre toutes les précautions possibles pour les éviter.

```
          u  n  a  n  c  i  e  n  a  m  i
 (1) 13, 12, 7, 12, 1, 17, 11, 12, 7, 5, 17,
    a  v  o  i  t  l  i  é  c  o  r  r  e  s
 7, 23, 15, 17, 24, 14, 17, 11, 1, 15, 9, 9, 11, 16,
    p  o  n  d  a  n  c  e  a  v  e  c  u  n—
 18, 14, 12, 8, 7, 12, 1, 11, 7, 23, 11, 1, 3—12,
    n  o  m  é  b  a  k  e  r  c  i
 12, 15, 5, 11, 10, 7, 22, 11, 9, 1, 17,
    t  o  i  e  n  f  o  r  t  a  c  t  i  f
 24, 15, 17, 11, 12, 20, 15, 9, 24, 7, 1, 24, 17, 20,
    a  b  a  l  e  p  o  u  r  l  a  c  o  n
 7, 10, 7, 14, 11, 18, 15, 3, 9, 14, 7, 1, 15, 12,
    v  e  n  t  i  o  n
 23, 11, 12, 24, 17, 15, 12,
```

dont vous savez que le commerce est fort étendu, et qui lui a procuré dernièrement, au moment de la foire, un intérêt assez considérable dans les affaires de cette maison, et cela doit le mener plus loin, et comme il a bon cœur, je saurai en tirer bon parti. Ne croyez pas cependant qu'il

---

(1) Un ancien ami avait lié correspondance avec un nommé Baker, citoyen fort actif, à Bâle, pour la Convention.

abandonne pour cela le petit intérêt qu'il a dans l'entreprise des fourrures de 72, et il continuera toujours de faire la commission pour lui. Sa probité et son

intelligence lui ont mérité la confiance (1) 8, 14, 7,

5, 7, 17, 16, 15, 12, 8, 11, 10, 7, 14, 11,

14, 11, 16, 3, 25, 11, 24, 11, 16, 24, 3, 12;

11, 1, 15, 5, 5, 17, 16, 8, 11, 16, 7, 20, 20, 7, 17,

9, 11, 16, 11, 24, 9, 7, 12, 4, 11, 9, 11, 16:
on espère d'obliger 72 par des commissions assez conséquentes, que le temps et l'occasion peuvent faire naître. Il m'a offert sa place, qui est assez bonne, seulement pour l'avenir; et je me suis chargé de faire les comptes pour lui, et j'ai déjà commencé à mes risques, périls et fortunes. Voilà, mon ami, ce que j'ai fait pour élever ma petite famille. Je desire de vous, 1.° que vous m'approuviez, et que vous m'ordonniez de continuer; 2.° que vous m'obteniez de *jj* ou par

son premier commis (2), 3, 12, 18, 7, 16, 16, 11,

18, 15, 9, 24, 18, 15, 3, 9, 5, 15, 17, 18, 15, 9,

24, 7, 12, 24, 1, 15, 5, 5, 17, 16, 16, 17, 15, 12,

18, 15, 3, 9, 14, 11, 10, 16, 7, 20, 20, 7, 17,

9, 11, 16, 8, 11, 16, 15, 12, 7, 9, 5, 11, 11,

18, 15, 3, 9, 9, 11, 16, 17, 8, 11, 9, 7,

20, 9, 7, 9, 12, 20, 15, 9, 24, 16, 3, 9, 14, 11,

5, 11, 17, 12, 17, 14, 20, 7, 3, 24, 6, 3, 11,

14, 11, 8, 17, 24, 18, 7, 16, 16, 11, 18,

---

(1) De la maison de Bâle; *le sujet est un commis des affaires étrangères.*

(2) Un passeport pour moi portant commission pour les affaires de son armée, pour résider à Francfort, sur le Mein; il faut que ledit passeport soit visé par M. de Wurmser.

o   r   t   s   o   i   t   v   i   s   é

15, 9, 24, 16, 15, 17, 24, 23, 17, 16, 11,

p   a   r   m   n   d   e   v   u   r   m   s   e   r

18, 7, 9, 5, 12, 8, 11, 23, 3, 9, 5, 16, 11, 9.

sans cela je ne (1).

RECUEIL

DE NOTES

De la main de LEMAÎTRE, et par lui reconnues lors de son interrogatoire ; desquelles notes la Convention a également ordonné l'impression.

HIER des courriers de la malle arrivèrent de Bretagne ; celui de Vannes remit une dépêche du procureur-syndic du Morbihan, envoyant une lettre du 13 fructidor, du commandant temporaire de Masillac.

Laquelle dit qu'un attroupement de cinq à six cents h. . . . . . une vingtaine de cavaliers, a paru sur le minuit à Ambon, a surpris le poste de Kvoyal, en a tué six, pris neuf, et a disparu sans qu'on sache d'où et où ; — et ils avaient à leur suite au moins quarante voitures, et beaucoup de bœufs.

Une chaloupe se tenait alors au rivage, et instruisait l'escadre protégeante : les forts français ne cessaient de tirer, mais en vain.

A dix heures et demie du matin, le 13, la flotte anglaise mouillait, île de Metz, a mis à la voile et fait route sur la pointe de Périel, puis viré de bord, comme pour entrer dans la Vilaine. — Les Anglais avaient des feux du côté de Farzeau, et à l'île de Metz.

---

(1) Ainsi déchiffré et découvert par le calcul et la comparaison des chiffres par le soussigné employé au comité de Salut public, section des relations extérieures, ce 2 brumaire de l'an IV. SIMON.

Salut. Ne vous verrai-je pas ce matin ! que faites-vous aujourd'ui ! Je suis veuf.

Huningue. Lettre au citoyen CONBERT, rue Jean-Saint-Denis, n.° 312 (1).

Troubles holl. Parti samb. — Les 25 m. h. travaillent mutinerie. — Gouvernement séparé les villes. — Crainte pour Flessingue.

État des côtes.

Batteries de Gorée et embouch. neuve servies par 68 can. st. à Gorée 100 can. hol. répartis à chaque pièce. 3 t. fl, 80 au total le long des côtes, une t.ᵉ d'art. légère servant 6 bouches à feu en 3 sections, une end. Rhin, une côte de Briel. 3.ᶜᵐᵉ à Dombourg zeb. Une sera envoyée à Calderel et ordre pour faire partir tout le disponible du Texel. — Le reste des côtes en batterie à barbette par canons à affûts marins. — On demande des affuts de côte de Gribauval, et des escouades pour en construire. Mauvais esprit du soldat français, travaillé en Hollande. 22000 effectifs disséminés. — Pas compter sur la troupe hollandaise ni sur les villes.

1.° Ordre aux États - Généraux de fournir tous les moyens de défenses en leur pouvoir.

2.° Placer les troupes hollandaises dans les c. les moins susceptibles d'être attaqués, et de précaution.

3.° Rappeler les administrations militaires, dans le cas où les administrations hollandaises ne nous seconderaient pas, sauf des indemnités.

4.° Faire tenir par Jourdan un corps à dispostion du général Moréau.

5.° Former vers la frontière de l'Issel un corps d'observation assez près pour se porter à sa défense, et assez loin pour ne donner lieu à des réclamations de la Prusse.

6.° Indépendamment des troupes placées sur les points importans de côte de Zélande, réunie dans la Flandre

----

(1) Cette adresse, sur le verso de laquelle Lemaître a écrit ces notes, prouve que Conbert était son prête-nom pour la correspondance de Bâle.

maritime , un corps de troupes assez considérable pour défendre cette côte en Zélande.

7.° Tenir le reste près pour marcher à Nimègue si.

Plan de Morcau , du 28 Thermidor , contre les invasions.

RIEN craindre frontière d'Yssel , à moins de forcer la ligne neutralisée , et rompre avec la Prusse.

Ordre de f. camper en avant de l'Yssel les troupes qui ne forment pas le cordon. — Forces consistent en deux brigades d'infanterie , deux bataillons d'infanterie légère , deux régimens de cavalerie , et une compagnie d'artillerie légère.

Si les États - Généraux mettent en disposition une bonne demi - brigade des leurs , il en retirera une des côtes d'Hollande : la Zélande est le plus important. — Il y a tout ce qu'elle peut ; ordre au général qui commande les côtes de Flandres , de mettre à disposition du commandant de Zélande les troupes qui seront dans l'île de Lozen en Flandre noll. en cas d'attaque. Il a réduit la garnison des 3. g. place de la g.¹ᵉ à une demi-brigade destinée à renforcer la Zélande : elle passera par Berg-op-Zoom.

Si les mouvemens sur l'Embs devenaient plus inquié-tans , il abandonnerait , en se reculant , les côtes d'Hollande pour porter sur l'Yssel toutes les troupes f. rex . et les renforts de Belgique mettraient en état de résister au prince d'Orange.

ARTICLE 3.

Un mois après l'échange des ratifications , l'armée sera réduite en exécution de l'article 17 du 7.ᶜ à 25 mille hommes soldés et nourris par la République des États - Unis : elle sera en tout ou partie , après la paix , à la République Batave tout le temps qu'elle desirera.

ART. 1.ᵉʳ , 3 , 8.

ART. 2.

Les pays énoncés article 12 du présent , ne sont ré-servés que pour être unis à la République française , et non à d'autres,

ART. 6.

Les ports du C. de Br.. Colombe, Ilrinquemal, ouverts aux vaisseaux français comme aux vaisseaux des Provinces-Unies, et mêmes conditions.

A Monsieur, Monsieur LEMAÎTRE, n.° 60, en face de la rue Bourtibourg, rue Croix-de-la-Bretonnerie (1).

Ouverture, il y a 18. M. à Stockolm, puis Yriarte à B. sans ordre. Puis pouvoir subits notifiés à Bartel.... Mais hâte-t-elle que vu les distances et le danger des délais, on a par 5.° annonce Jrand alors Servan et cependant le comité et Bart. ont tant facilité qu'on y a fini, tandis que d'Jrand conférait encore et M. devenu nul et Servan a revenu dit au maïl.

Grandes communes entourées.

Guerre civile, pillage.

Lettre chirmg. Nord. Rhin moitié division de 20,000.

Jeunes gens, commis de toutes langues, p.ʳ agir en tous sens.

9 Enn. Calais.

Plan comit. passer le Rh. forcer, hâter paix d'Empire, même celle *dd.* en même temps, renforts à Savonne f. reculer Vins et pénétrer Vins en Lombard. Autrich.

P. Conty, M.ᵒⁿ BB.ᵒⁿ et Orléans.

D. Chartres, Amériq.

1.ᵉ, 2.ᵈ débarq.ⁿᵗ, 17 thermidor.

Révolut. Pol. pousser en même temps que France la par Cat-ig enfin contr. par *dd.* et p.

Vivre ex.

Charrette 83. m. h. à Bonneville.

Incidem.ᵗ plan de sécularisaᵗᵒⁿ détecteurs pr. cat-et

Ce mileux ne peut qu'au bout de 20 j. Pas d'arg.ᵗ p.

---

(1) Ceci est l'adresse d'une lettre adressée à Lemaître, et sur le verso de laquelle il a fait ces notes.

s'emparer

s'emparer de Pol. le plus possible - exclure Fred. et réaliser contre Turc.

Tandis que P. attenait, faisait atténuer *dd.* détruisait Fr. et marine plus finalement. Lié avec Cat-et *dd.* qu'ils trompent amener Cat. à l'Archip. en pendant avec la flotte de Crimée et pousse *29* pour le passer de *dd.* qu'il faut harceler co.^c *ab initio.*

Boulogne, 1 0 septembre.

Ordre des Anglais de courir sur les pêcheurs.

Hier 9, deux corsaires, 18 can. 120 h. avec une carcassière, et du 24 sortis de Dunck. pr escorter un convoi qui par le vent gagne le large; les Anglais les ont pris.

Le 10 à 10 h. du matin 6 freg. Angl. passent, escortant un gros convoi de transport pour l'Ouest en Boul. Tout accepté, non à Calais, Dunck. Lille, S. Omer.

espions, ne peut trouver 3000.

Dd.^e le 2 septembre.

Isnard, 7. p. faites la paix ou on vous en imposera.

Puycerda. le 8 fructidor.

Charles, tuerie.

Lettre, Pyren. Orient. Tallien.

Américain C. M. Louis.

Fermont, Doucet sortis

Guerre à Tall.

Disette, Rouen.

Quib.", 4. comm.^{on} Juger public., casser par *Lemoine,* lui-même cassé.

Pas d'arg. p.^r les agens au dehors.

---

1 9 fructidor, 5 septembre.

Le P. sy. du dép. Maine et Loire que le 18 les gend. ont porté les paquets du comité de salut à Stofflet et Bernier au château de Neufry près la Roche-sur-Loir.

1.º Vers le château 1.re sentinelle unir à concorde ord.^{ne} pr. M. Stofflet.

2.e sentinelle royaliste (ce mot est tout dans le mot d'ordre).

3.e *Ibid.*

F

Dans une salle du château Stofflet, Bernier, une 30.ᵉ la plupart prussiens, autrichiens et anglais d'après leur langue et manière, ont reconnu M. Dautich. et autres. Cour Stofflet, très-brillante, dit le proc. syndic, et ce sont autant d'ennemis dangereux pour la Rép.

Le gros cordon rouge qui préside le Conseil est le C. de... Grand-Croix et Veneur, Vice-président. Les paquets avaient été remis au cap. commandant les gendarmes par Bodin et Beauvilliers qui les avaient reçus du comité avec ordre de les faire partir sur-le-champ à Stofflet.

Je vous envoie, mon cher patron, la boîte en question, il n'y aura rien à payer à celui qui la porte, je vous remettrai moi-même la note. Debard est arrivé hier soir, et je crois que nous partirons ce matin pour Gonesse, peut-être ne reviendrons-nous que demain, et dans ce cas je ne pourrais être des vôtres. Mes respects et regrets chez vous : recevez l'assurance de mon inviolable et constant attachement.

Signé NRÉNONAY.

Eop. le roi armer. les r. serait les Cabarus, grand à Vauguyon.

Cabarus a quitté.

Plan, Lanjuinais, Rovère, Rivière à la tribune.....
en ce cas, enthousiasmer Paris au profit des 71, contre les jacobins et les constitutionnels triomph.ᵗ

Y a-t-il envoyés d'Italie !

Yriarte, pour raisons, peut être pour Turin comme oncle.

Nina parti pour Weser.

Mousquis, il y a 6 mois à la Penhay, il y a 18 à Stokolm, mais qu'il pousse 07 !

Dict. helvet.

Colonel Courter renouvelle avec 07, et vient répéter p.ʳ le Valois sur les rep. 77 ! 6 freg.

Les anti $\frac{2}{3}$ suite de paix, Charrette, Stoffl. Lanjuin. La nuit du 14 au 15 comités réunis, décrets des 5 fructidor, et terroristes dedans, renvoi à la nuit du 15 au 16.

32 C. commissaires de Rouen.

Lettre de Châlons-sur-Saône.

Rejet du tout, en Maine, Anjou, &c.

Gal. Caillot avec 5 m. h.ᵉʳ à Charette qui a 14 m. et 2 mil. caval.

1,800 grenad. de garde.

Sapineau 5 à 6 m. h.

90 milliers poudre.

110ᵉ régimt. passé.

Escadrille St.-Helène, 3 m. Holl.

Hernouf Oldengen, habits rouges, 30 septembre, 1.ᵉʳ fructidor, Rhuys le 26.

Commande . . . . . . Stael loué.

Terroristes soldés.

Boissy associé de Morat.

En janv.ᵉʳ 95 plan de pendre Tall. écriv.ᵗ à Tavau de Niors, en Suisse ; rétablir les églises réform., en Languedoc que la dissolution était loyale. Tal. et Fréron.

Cambac. ne fait rien que par Monnier d'aller rétablir 91.

31 décembre Bartelmy écrivit la nouvelle année verra tomber les régicid. périr déf. les royal. la const.ᵒⁿ 91 — Tall. est un scélérat et succombera.

Le 14 février 91 le massacre des votans au R. Mons. va se rendre, et il peut disposer de 3 à 4 m.ᵒⁿˢ numéraire.

J. C. Boissy écrivait qu'il écrirait contre les royalistes p.ʳ mieux servir, qu'il fallait Mallet, Montesq. affich. royal.ᵐᵉ et Malouet, Stael, Narbonne constit.ᵉˡˢ.

10 et 12 août, Boissy il faut un R. constit.ˡ ; au midi on ne peut se fier aux Anglais, qui veulent anarchie.

Police, comité de sûreté, insp.ᵉʳ rendant compte ; la Cité permanente.

Terroristes exclus par-tout.

Les termes anti-terror. — Adresse aux armiées ; ordre ; toutes lettres, tout pays même en guerre d'hier 6 sept.ᵇʳᵉ

Brave général.

Je suis prêt à débarquer et le chef de 25 mille hom. envoyez-moi une colonne pour protéger ; je monte le sceptre, et vais faire approcher les canonniers.

Villiams.

Arcere, g.ᵗˡ russe et angl. contre l'escadre hol. dont 3 démontés, 3 laissés au Texel.

Russes en Méditer.

Voir Fraternité, Tuileries, Ch. élyz. Bonne-nouvelle, Mail, Mont-blanc, Théâtre-Français, Lombards.

F2

Arsenal, la Cité, Fontaine-Grenelle, Halle aux Blés, Butte-des-Moulins, Pelletier.

Estafette par Strasbourg, le commissaire-ordonnateur, lettre reçue le 9, cent millions, courier par courier, sinon.

Dreux, Pontoise, Montfort.

11 Cantons, postes huit lieues.

Magasin, Metz.

Gendarmes, Stofflet.

Hoche tué, fuyard, Mans.

Haute-Marne, plus confiance.

Agens, Italie.

Dreux brûlé jusqu'à Saint-Gilles.

Eure et Loir.

Beauce, roi.

Servan, Bayonne.

Constitutionnels d'augmentation.

Barres . . . . . comp. . . . . enrayés.

Rhin, massacre palatin.

Procureur-syndic, Angers 19 les 18 gend. . . . . .

Re. 117 officiers étrangers, marquis d'Autichamp, Leveneur, cordon r.

J'ai dit le 9, c'est le 11.

Ce 23 août.

Quand on ne fait pas ce que l'on veut, monsieur, on fait ce que l'on peut; je viens de vous adresser un extrait de ce que je comptais vous renvoyer, et encore l'ai-je emprunté à un ami, parce que je n'ai pu trouver de bras pour battre mon grain; je n'ai plus que pour deux jours de pain, et je ne désespère pas d'être obligé de m'armer demain d'un fléau pour montrer l'exemple à des êtres que la révolution a entièrement métamorphosés : il est grand temps.

PIÈCE FIGURÉE.

Calvados.

Dubois Dubay. . . . *ancien garde-du-corps du district de Pont-l'Evêque.* Faux.

Laumont. . . . . . . *Ancien avocat, à Caen.* Bon.

Henry Larivière. . . *Avocat à Falaise.* Bon.

Bonnet.......... *Dit Manteg, ex-noble, du parti de la Montagne, proconsul.*

Avis.

Vardon.......... *De Falaise.*
Doucet.......... *De Pontécoulant, ci-devant officier des gardes-du-corps de Honfleur.*
Tarveau.......... *Sans état. — Dangereux du ventre de la Convention.*
Jouanne.......... *Médecin.* Idem.
Dumont..........
Lego............ *Avocat à Falaise.*
Philippe Delleville. *Avocat à Bayeux.*
Conard.......... *Laboureur.* Nul.

Somme.

Saladin.
Rivery.
Gantois.
Devérité.
Delcloy.
Louvet.
François.
Scellier.
Hourier (Eloy).
Martin.
André Dumont.
Dequeuse.
Vasseur.

Lettre au citoyen LEMAÎTRE, rue Sainte-Croix de la Bretonnerie, n.° 60, vis-à-vis la rue de Bourtibourg, à Paris (1).

31 août. Russie.
Verneguet, 31 Jean.

---

(1) Adresse de lettre sur le *verso* de laquelle il a fait ces notes.

V. Kare Chamclerc.
Monsieur que la vérité de 89.
Mulet a Oginski + en **Chilpéric**.
118 La croix sur la France.
En géographie.
Henri Rep. chimère
— En vendémiaire, 23 septembre.
Pas - union , paix avec.
Presserat va à Berlin.
Réchauffer les Fr.
M. Butz à Paris.
Autre que B˜ bon.
Contre-révolution.
Prusse peut contenir.
d. d. et Cat.
R. Suède , M. c. K. 6. 9˜.

L O I

QUI ordonne l'impression de la correspondance contre - révolutionnaire , trouvée chez le conspirateur Lemaître.

Du 29 Vendémiaire, l'an 4.ᵉ de la République française, une et indivisible.

LA CONVENTION NATIONALE, sur la proposition d'un membre, DÉCRÈTE l'impression de toutes les pièces de la correspondance contre-révolutionnaire trouvée chez le conspirateur *Lemaître*, de celles de plusieurs assemblées primaires des sections de Paris, et de quelques assemblées électorales, relatives à la dernière conspiration.

Visé par le représentant du peuple, inspecteur aux procès-verbaux. Signé *ENJUBAULT.*

Collationné à l'original, par nous président et secrétaires de la Convention nationale. A Paris, le 29 Vendémiaire, an quatrième de la République française, une et indivisible. *Signé* GENISSIEU, *président ;* J. F. PHILIPPE DELLEVILLE, ALEX. VILLETARD, *secrétaires.*

Certifié conforme :

Les Membres de l'Agence de l'envoi des Lois,

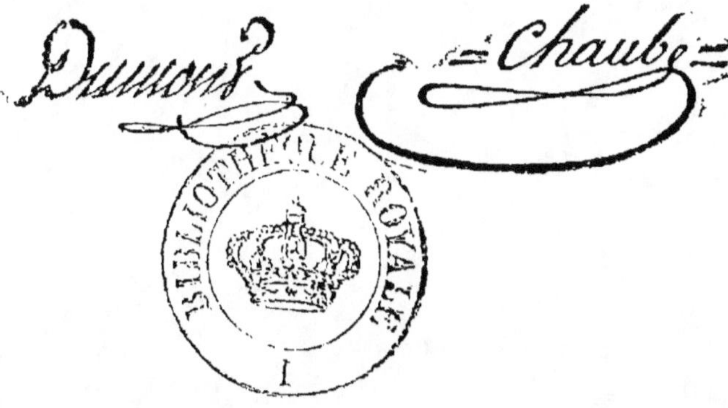